VEN CON NOSOTROS A CAMINAR

PROCESIÓN DEL VIERNES SANTO EN SAN GERMÁN

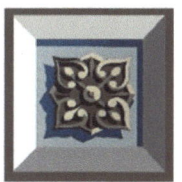

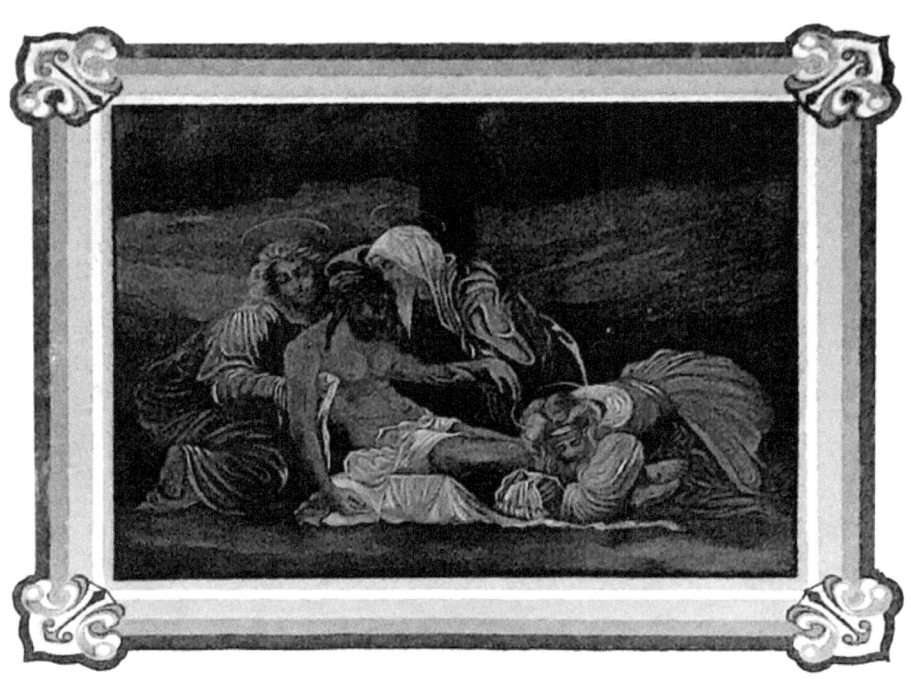

VEN CON NOSOTROS A CAMINAR
PROCESIÓN DEL VIERNES SANTO EN SAN GERMÁN

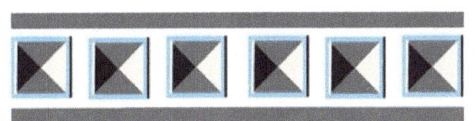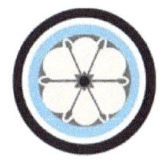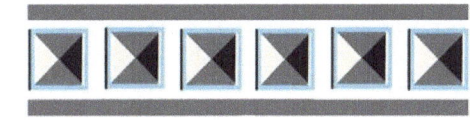

DAVID SANTIAGO BONILLA

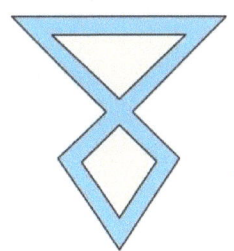

EDICIONES SUROESTE
SAN GERMÁN, PUERTO RICO
2018

Ⓡ DAVID SANTIAGO BONILLA, 2018
© TODOS LOS DERECHOS RESERVADOS

IMPRESO EN LOS EE.UU.

ISBN-13: 978-1719583251
ISBN-10: 1719583250

TODOS LOS DERECHOS RESERVADOS.
ESTA PUBLICACIÓN NO PUEDE SER REPRODUCIDA,
NI EN TODO NI EN PARTE, NI REGISTRADA EN,
O TRANSMITIDA POR UN SISTEMA DE RECUPERACIÓN
DE INFORMACIÓN, EN NINGUNA FORMA, NI POR
NINGÚN MEDIO, SIN EL PERMISO PREVIO POR
ESCRITO DEL AUTOR.

EDICIONES SUROESTE
PO BOX 719
SAN GERMÁN, PR 00683

SUROESTE.EDS.PR@GMAIL.COM

FRONTISPICIO:
OSCAR COLÓN DELGADO (ATRIBUÍDO)- *DESCENDIMIENTO DE LA CRUZ*

INTRODUCCIÓN

No es cualquier recorrido por la ciudad, la fecha se separa de cualquier otra fecha del año a participar de un caminar donde la tradición, la historia criolla y universal van en la misma dirección. En cualquier día transitar a pie por las calles del antiguo casco invitan a descubrir fachadas, cielos azules, y vecinos en sus quehaceres. El Viernes Santo se rompe esa rutina, ahora esas mismas calles invitan a reflexiones, solemnidades y casi a un culto al legado, a continuar la herencia. Otros pueblos conmemoran el Via Crucis y la muerte de Cristo en sus procesiones, mas el hecho que esta procesión se celebra en la urbe histórica transforma la ciudad, de una colección de casas y negocios, a monumentos de la santidad del hogar y a tarimas donde se rinde respeto al condenado camino a su crucifixión. El recorrido del pueblo acompañando al hijo del hombre invitan a ser parte de esa sensación de aportar en unión, acompañando a Jesús y a su madre. La mera presencia en el pueblo convierte lo mundano en algo extraordinario.

Estas imágenes publicadas en este libro muestran el fervor del pueblo de San Germán con su historia, tradición, y su ciudad. Estas fotos fueron tomadas desde 2004, y muestran los detalles y el fervor de los fieles que hacen que la historia continue.

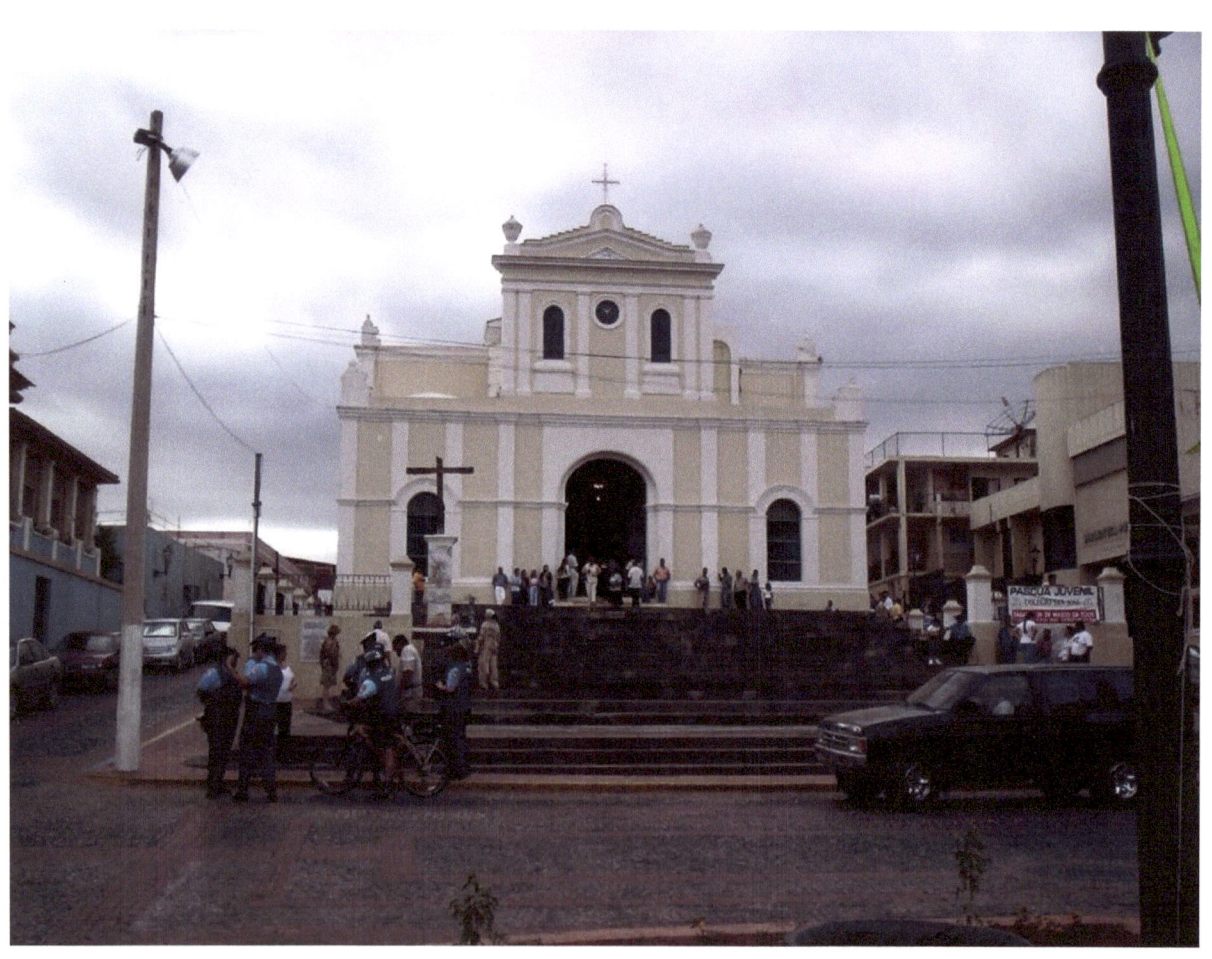

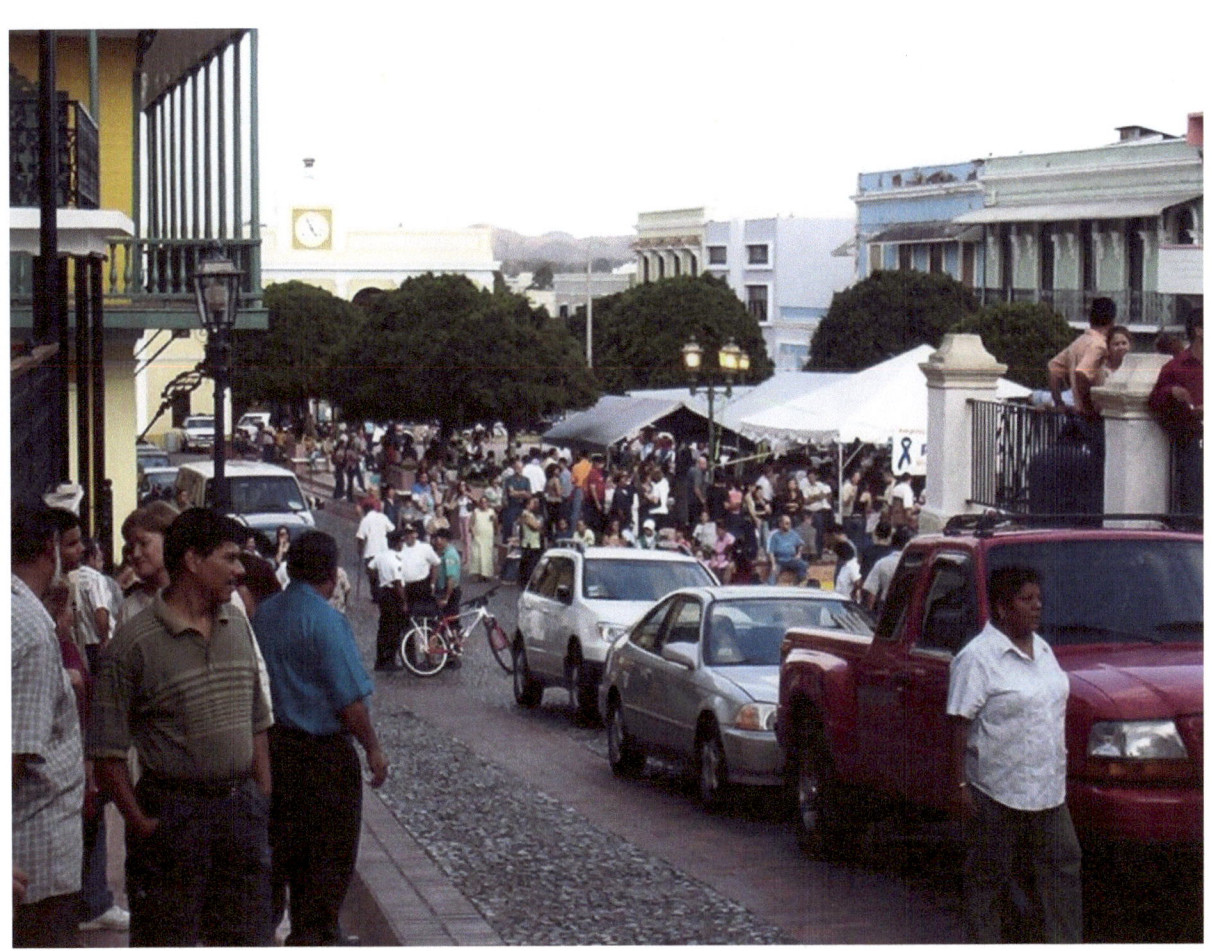

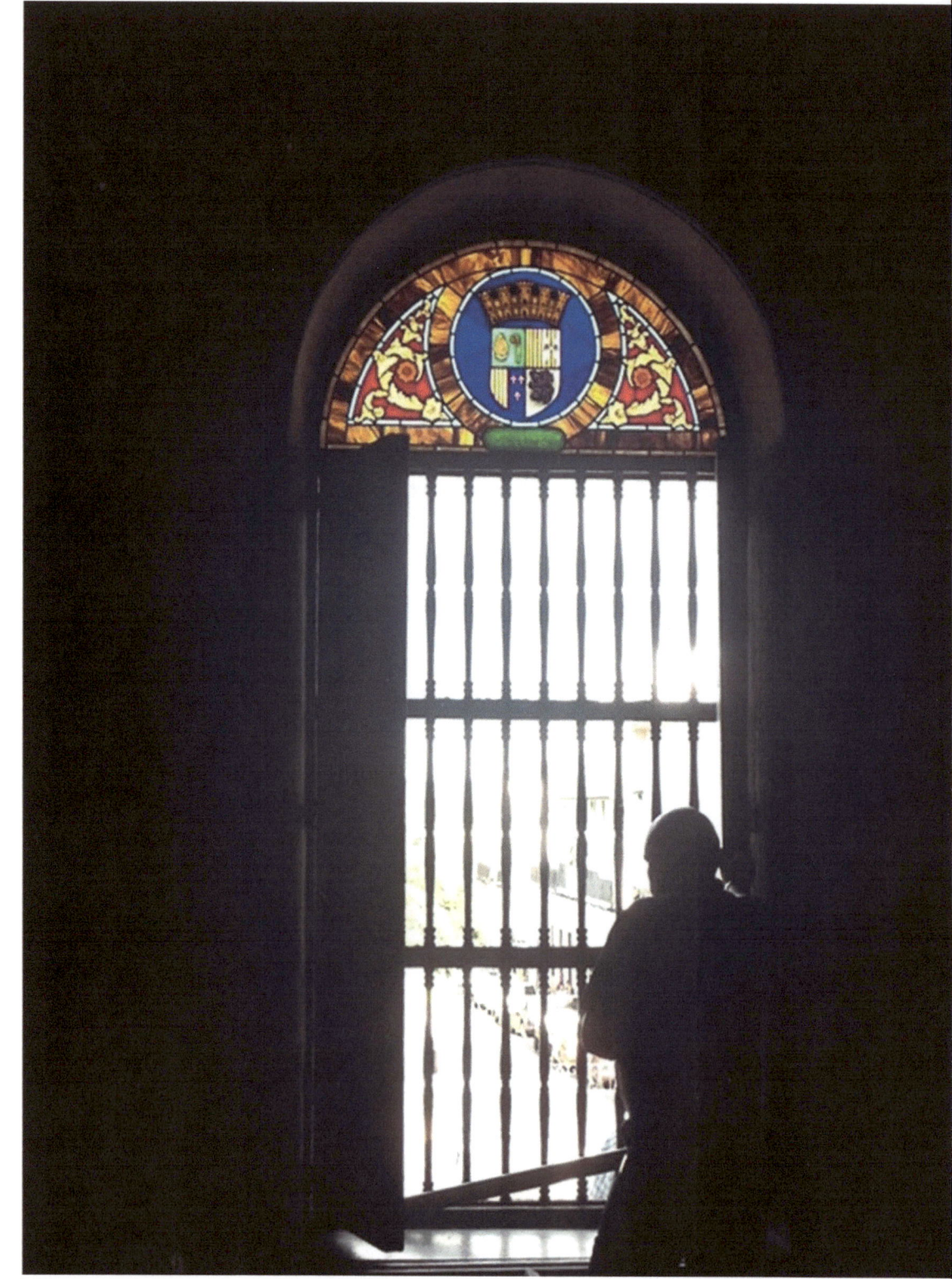

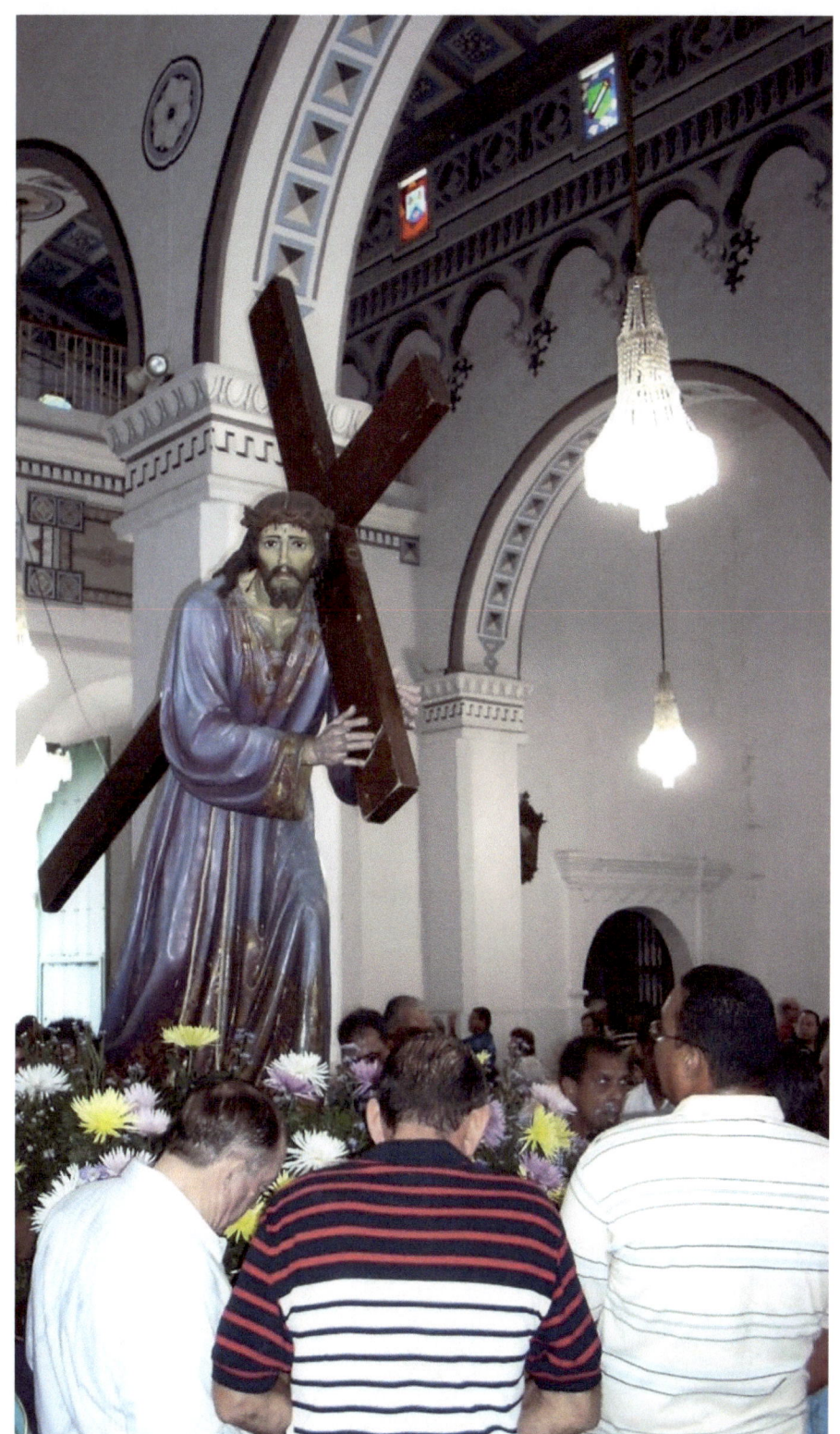

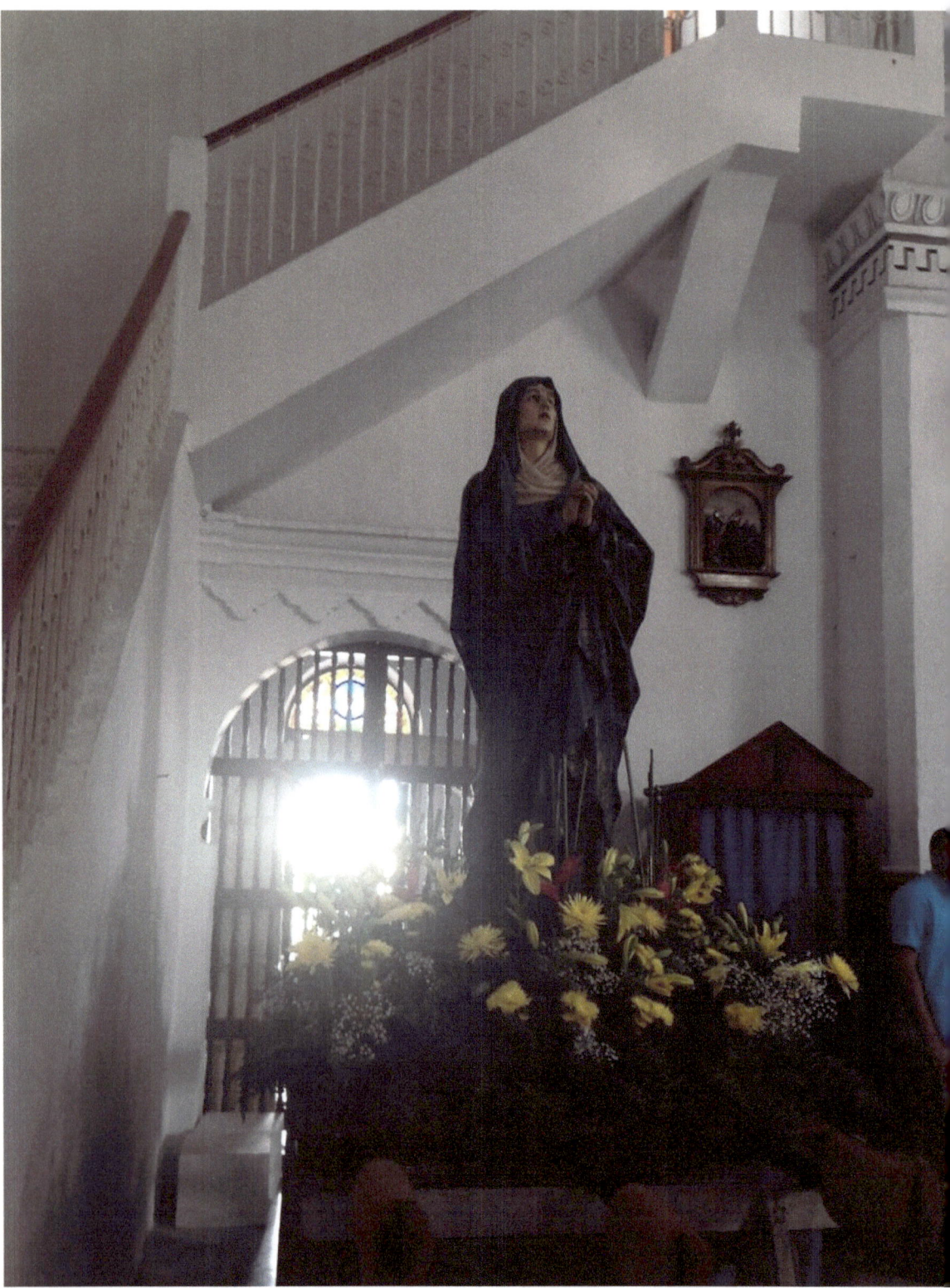

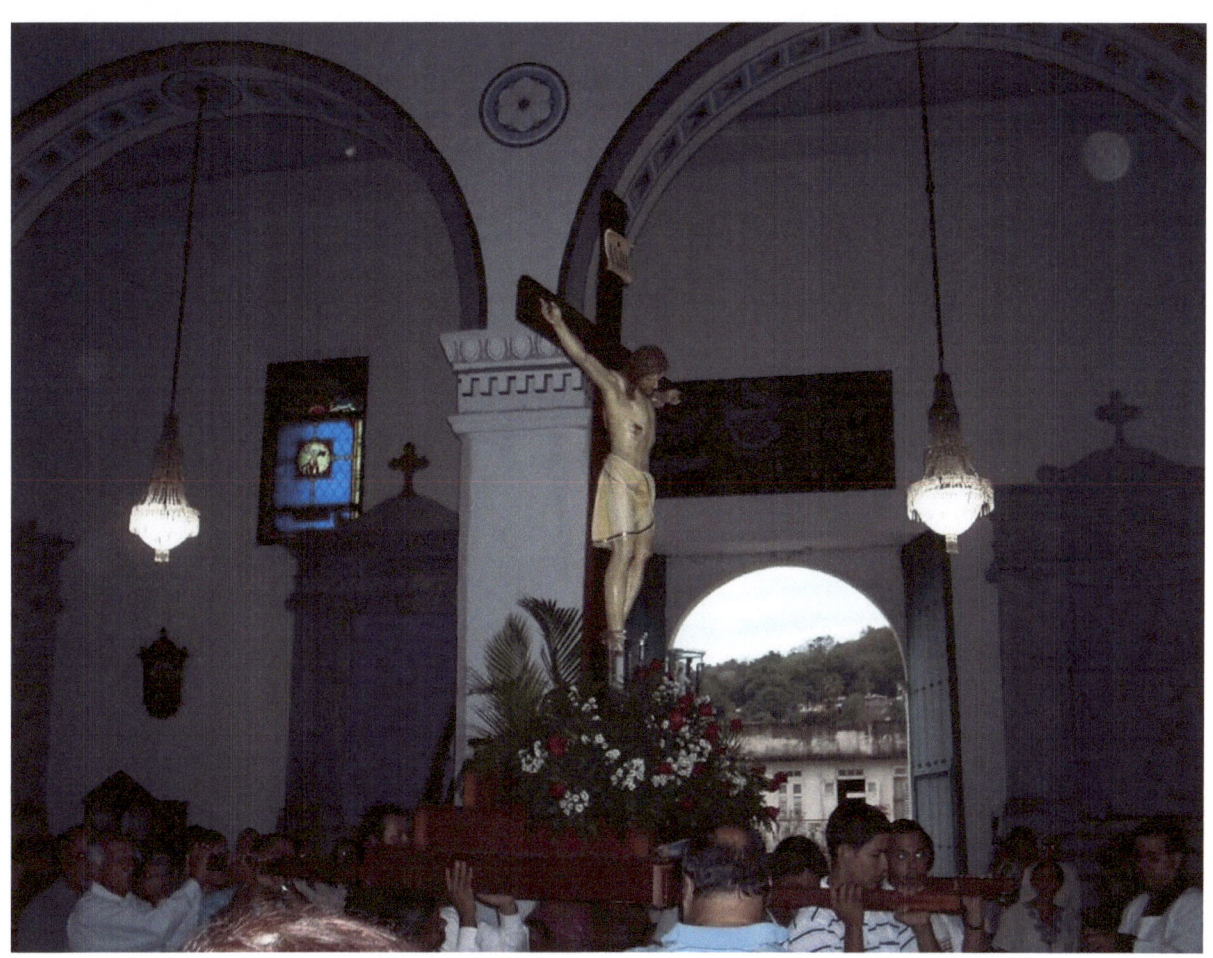

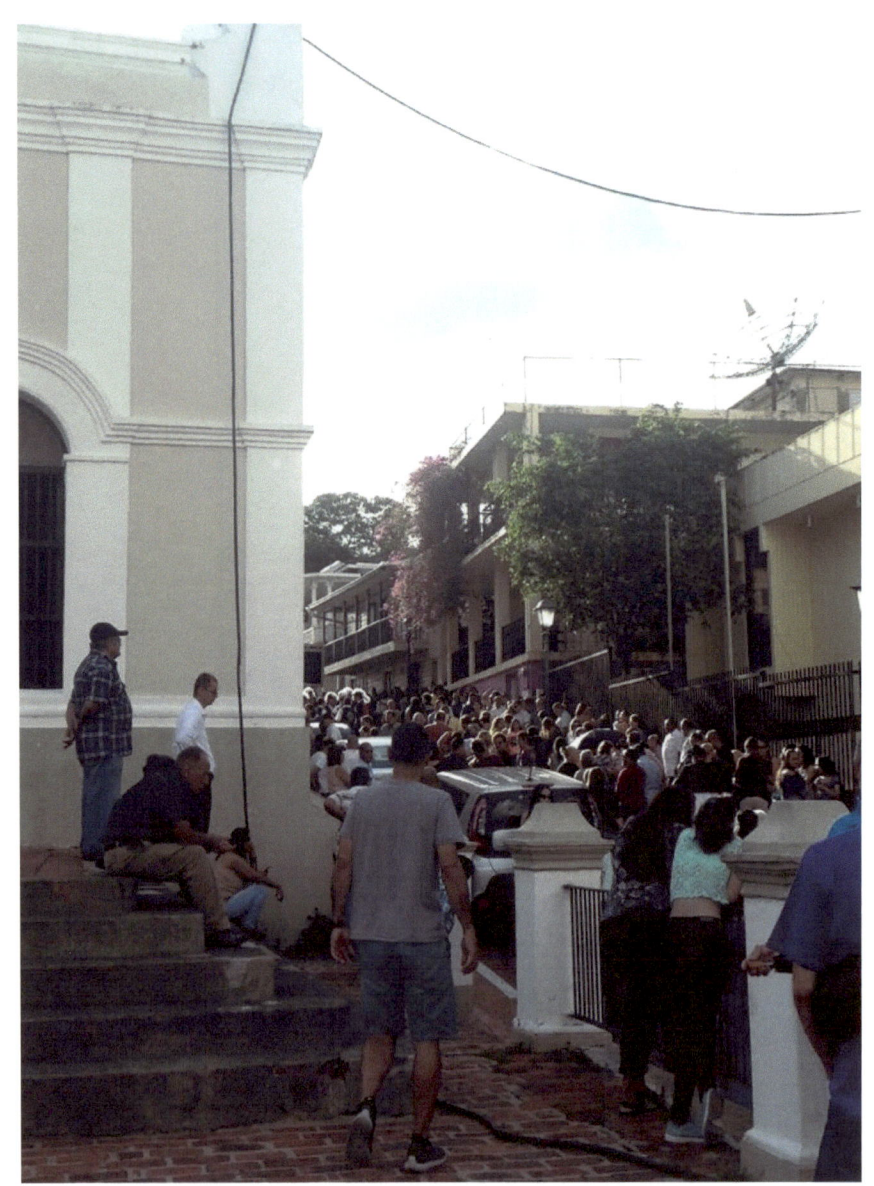

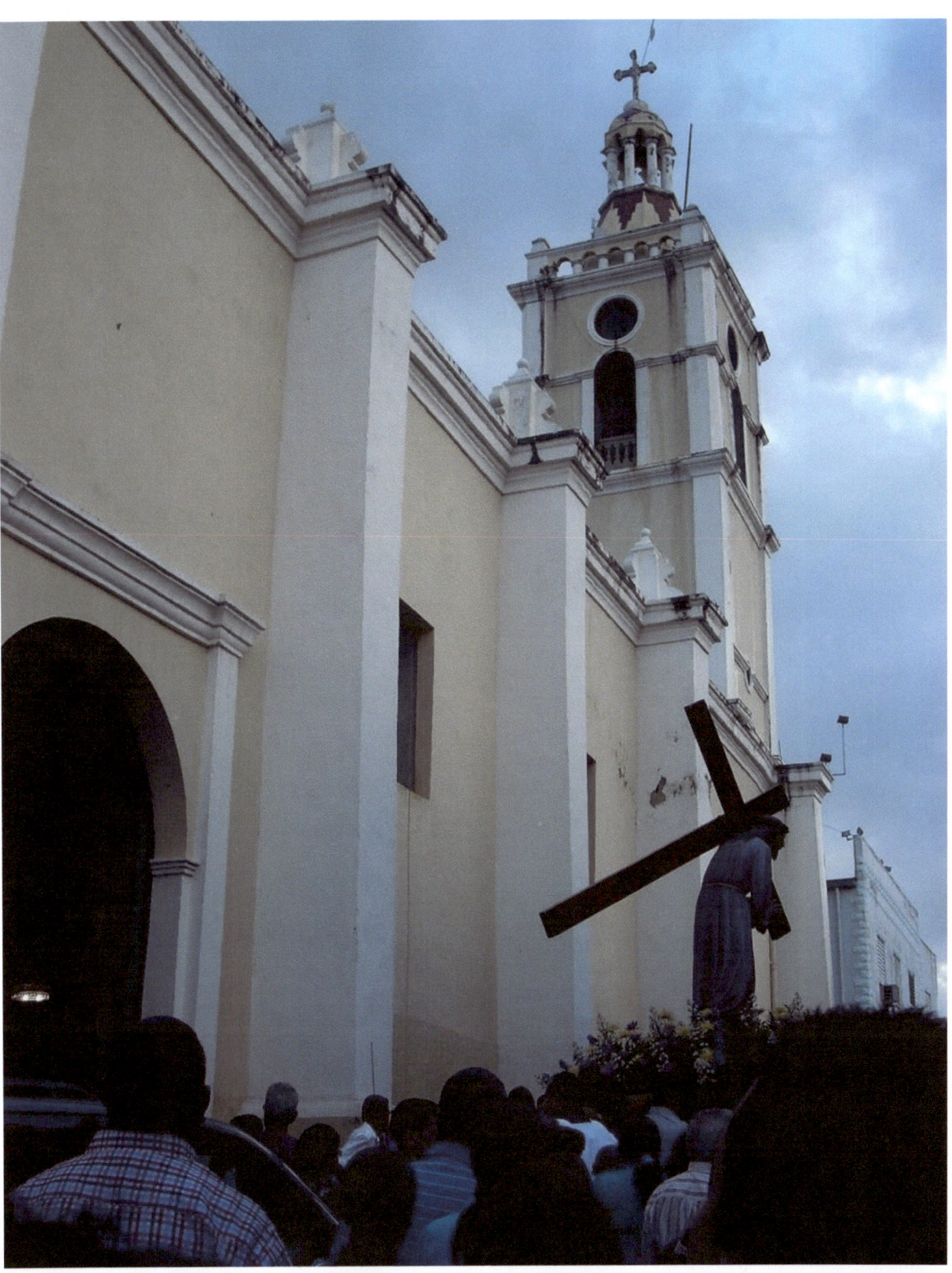

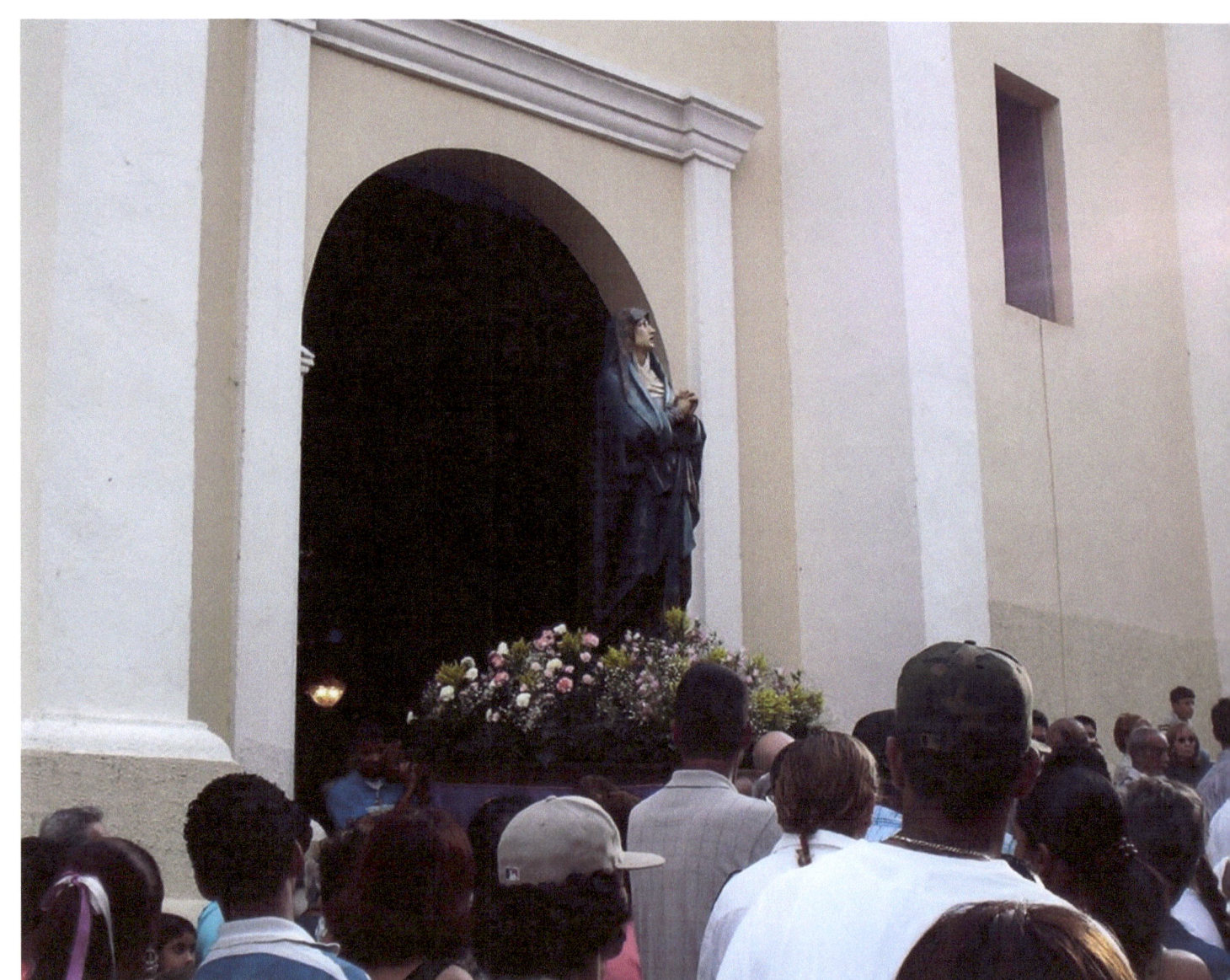

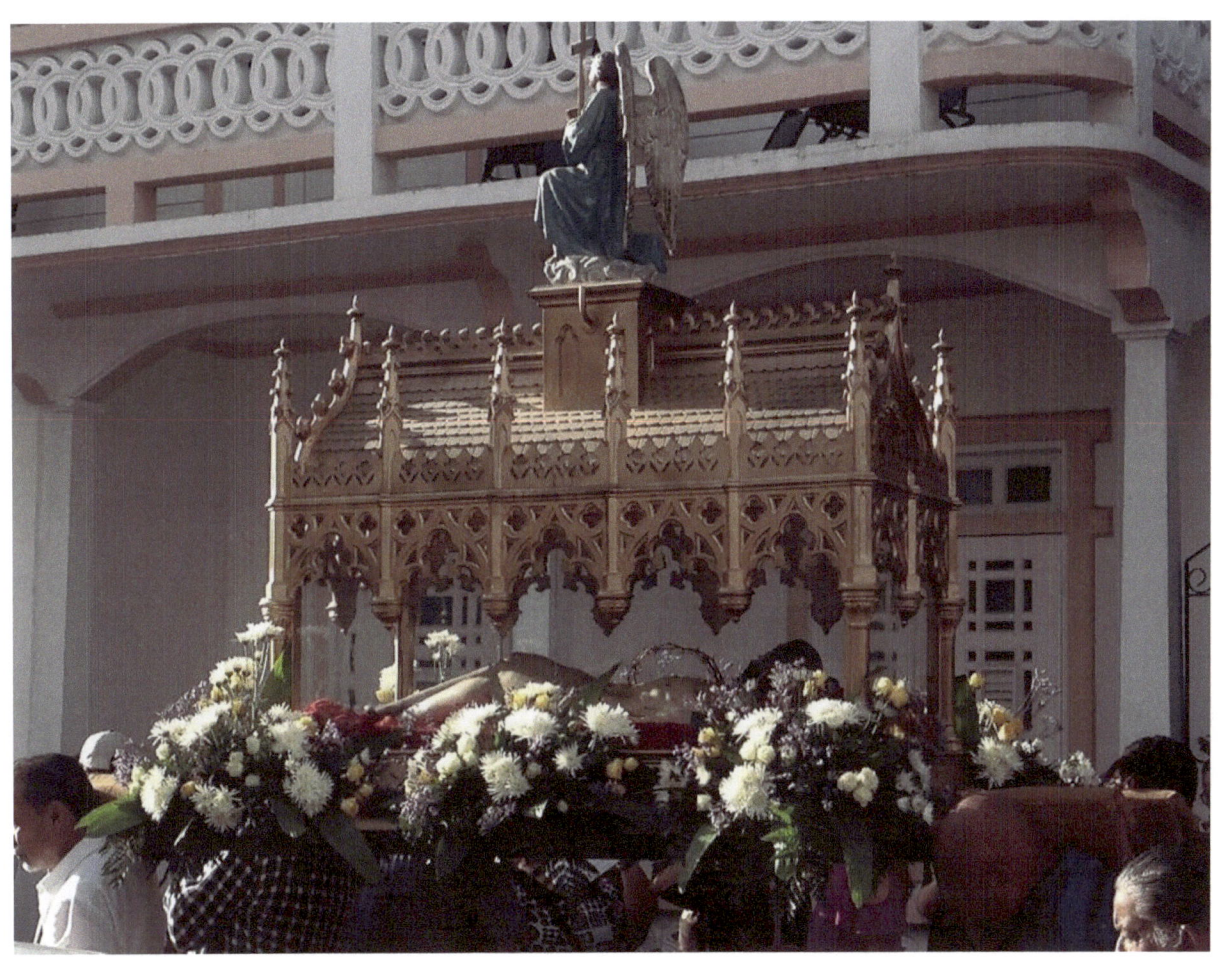

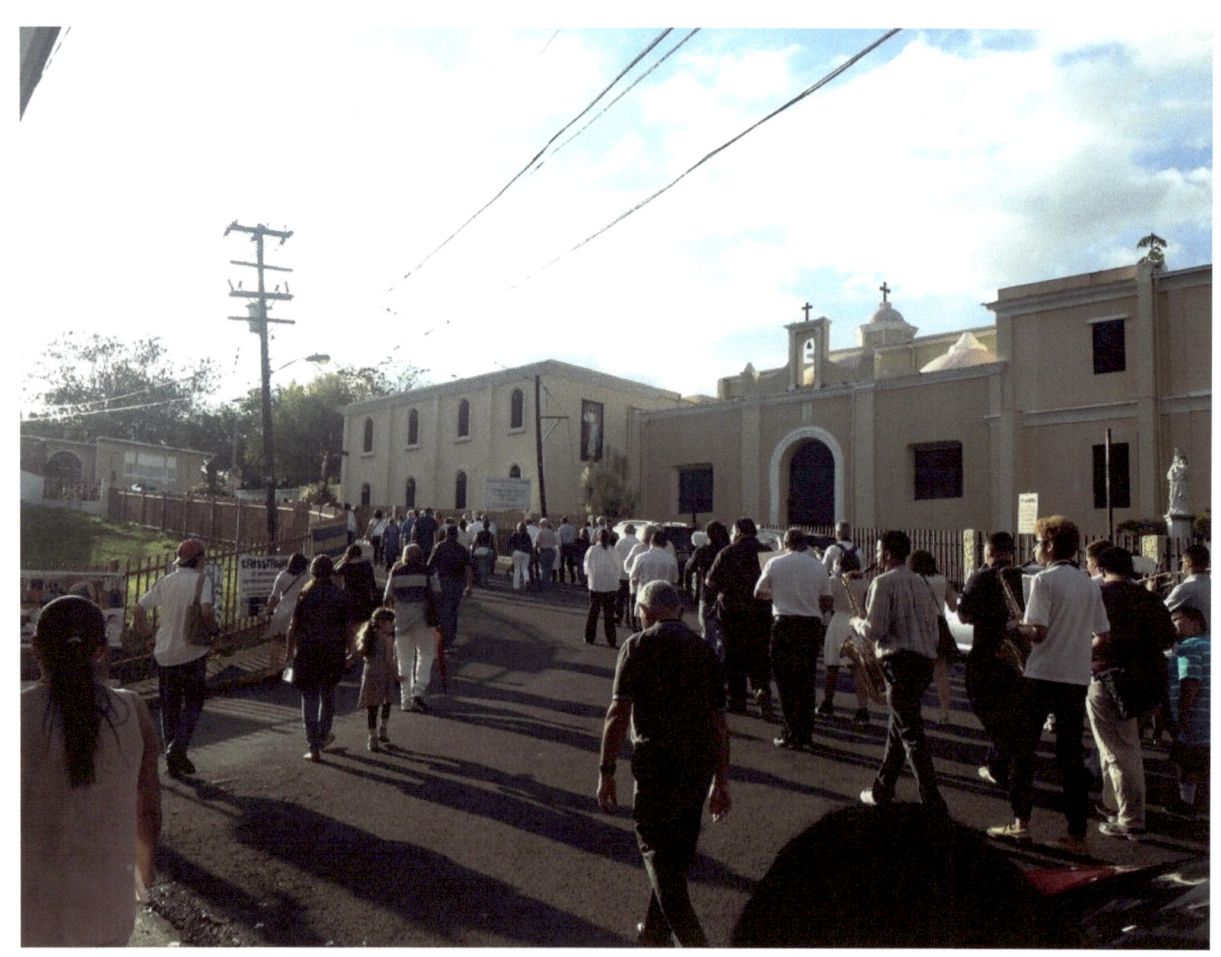

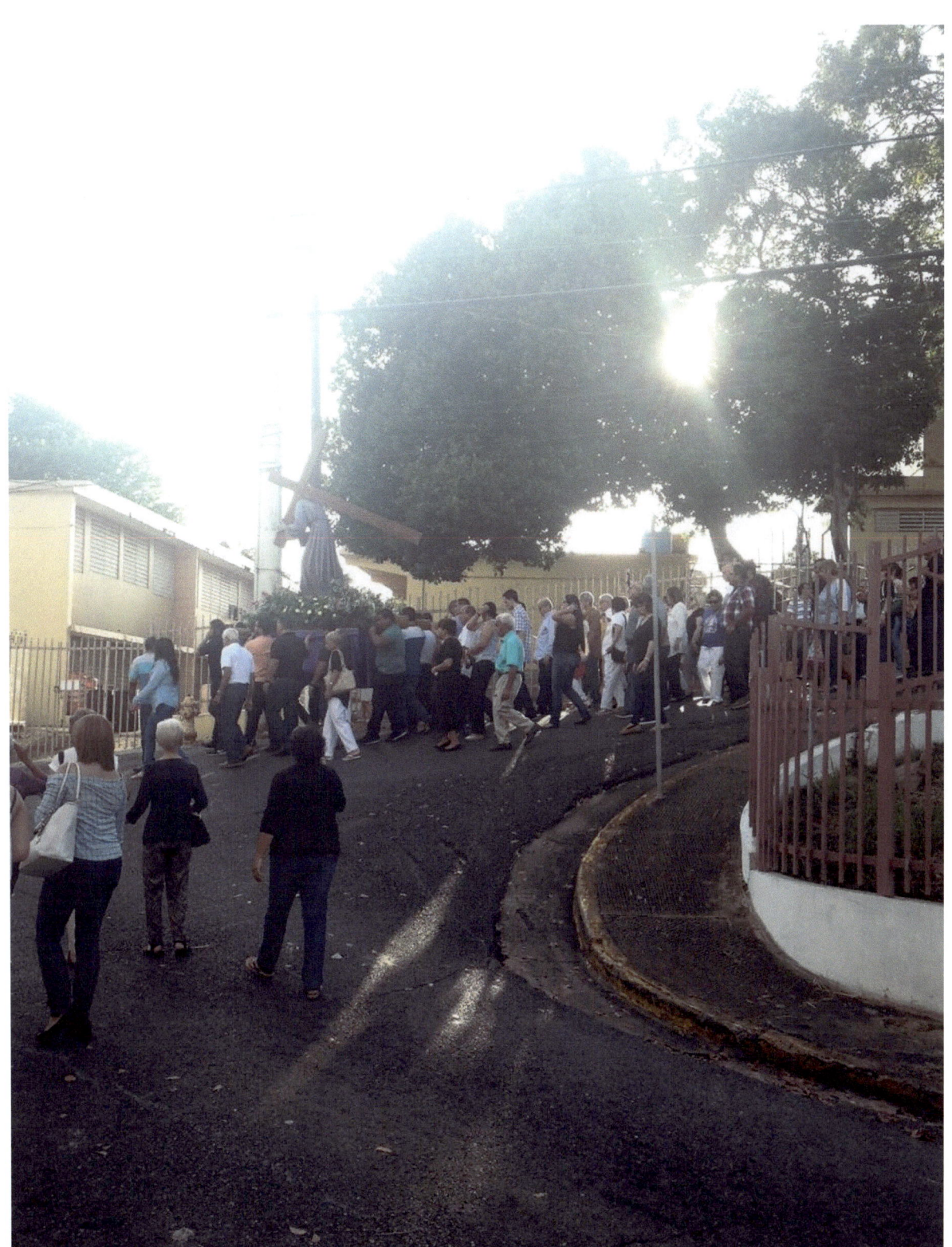

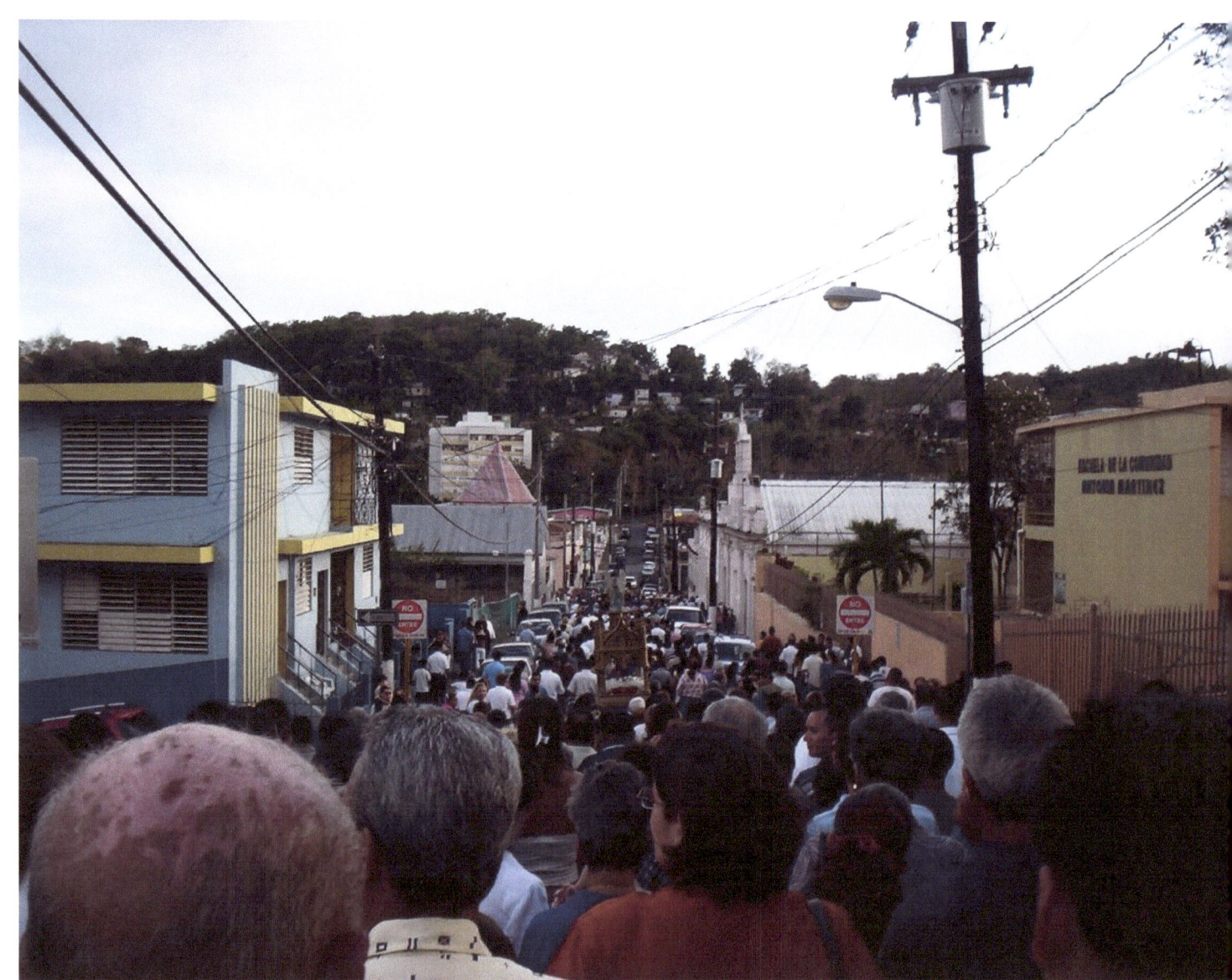

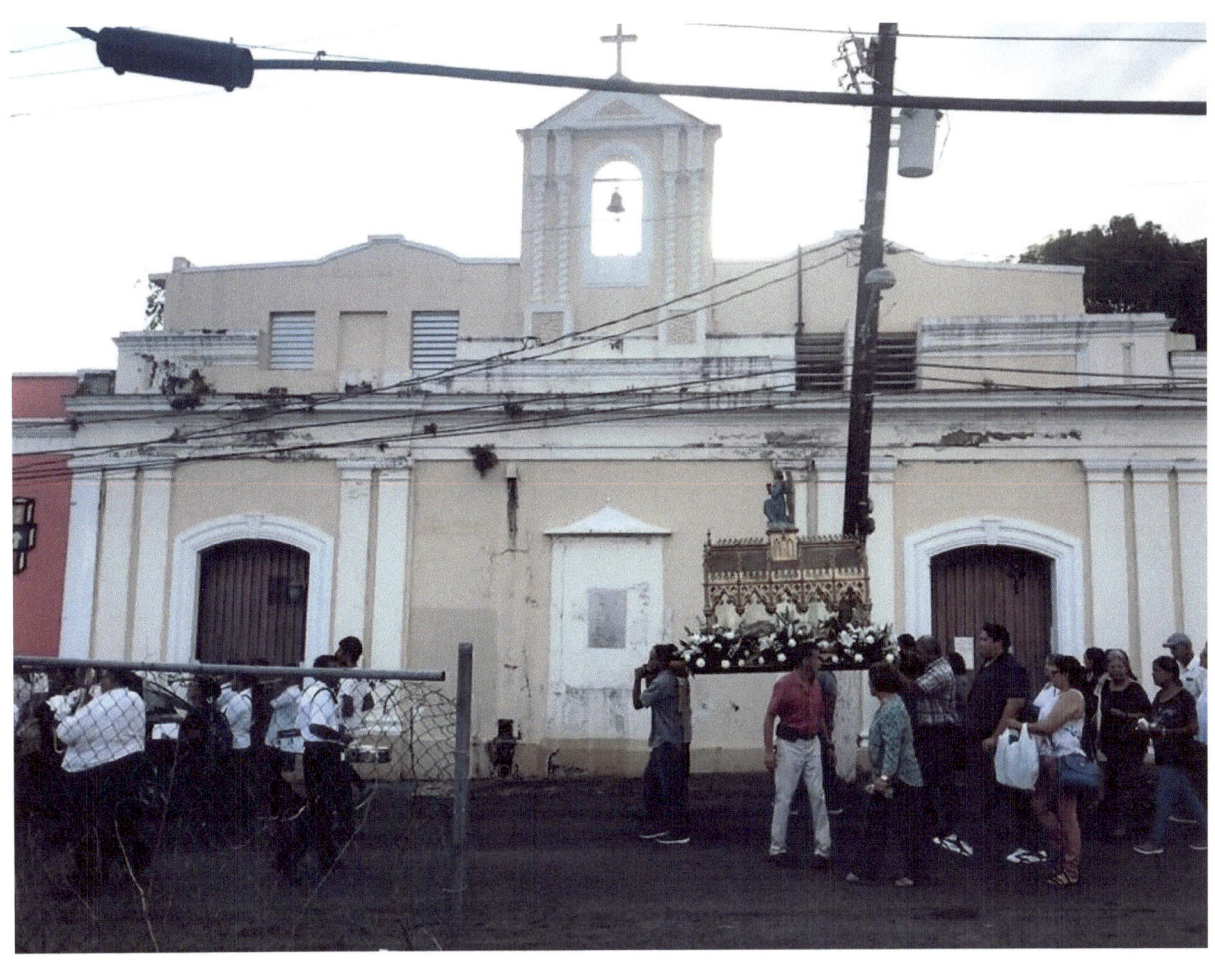

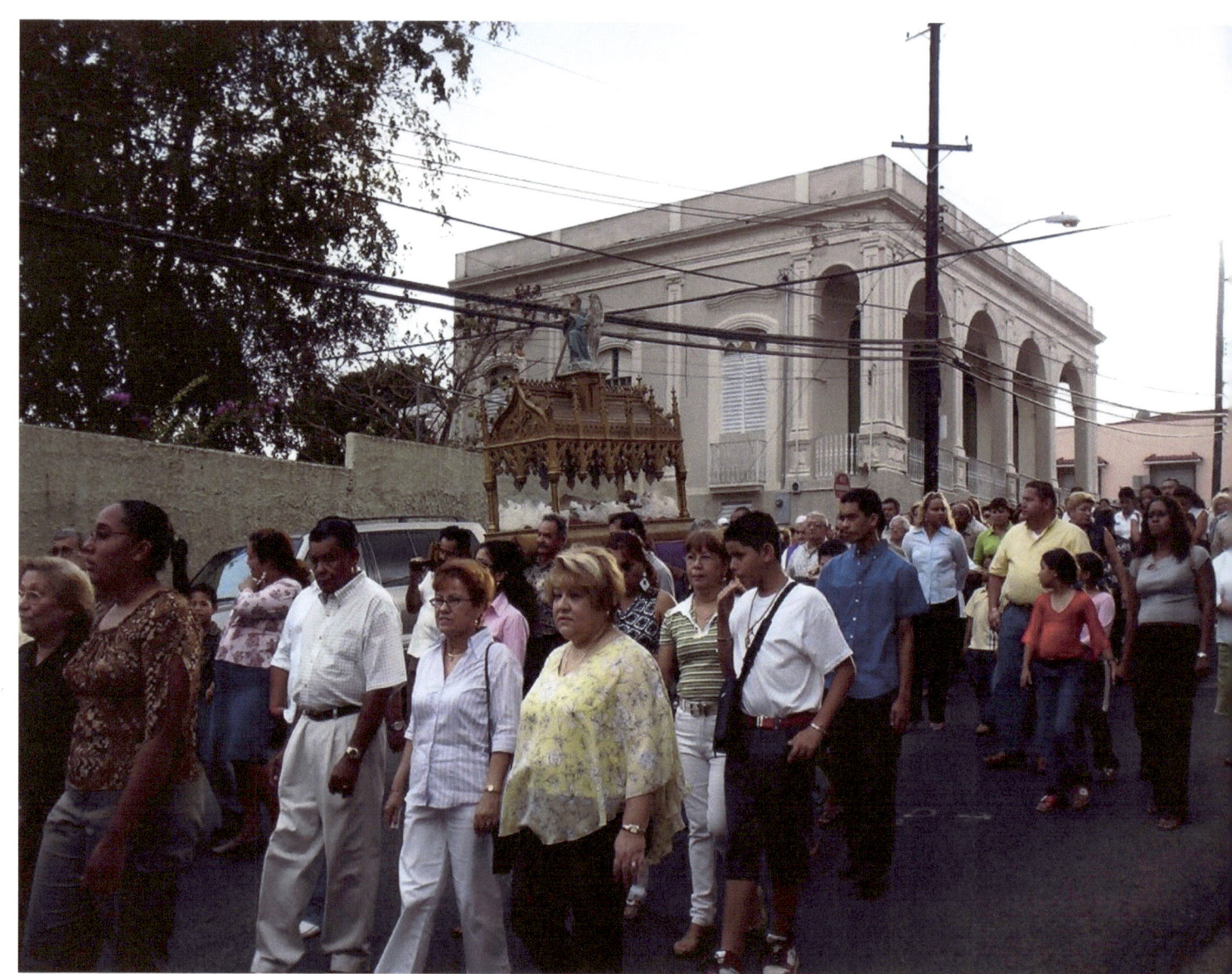

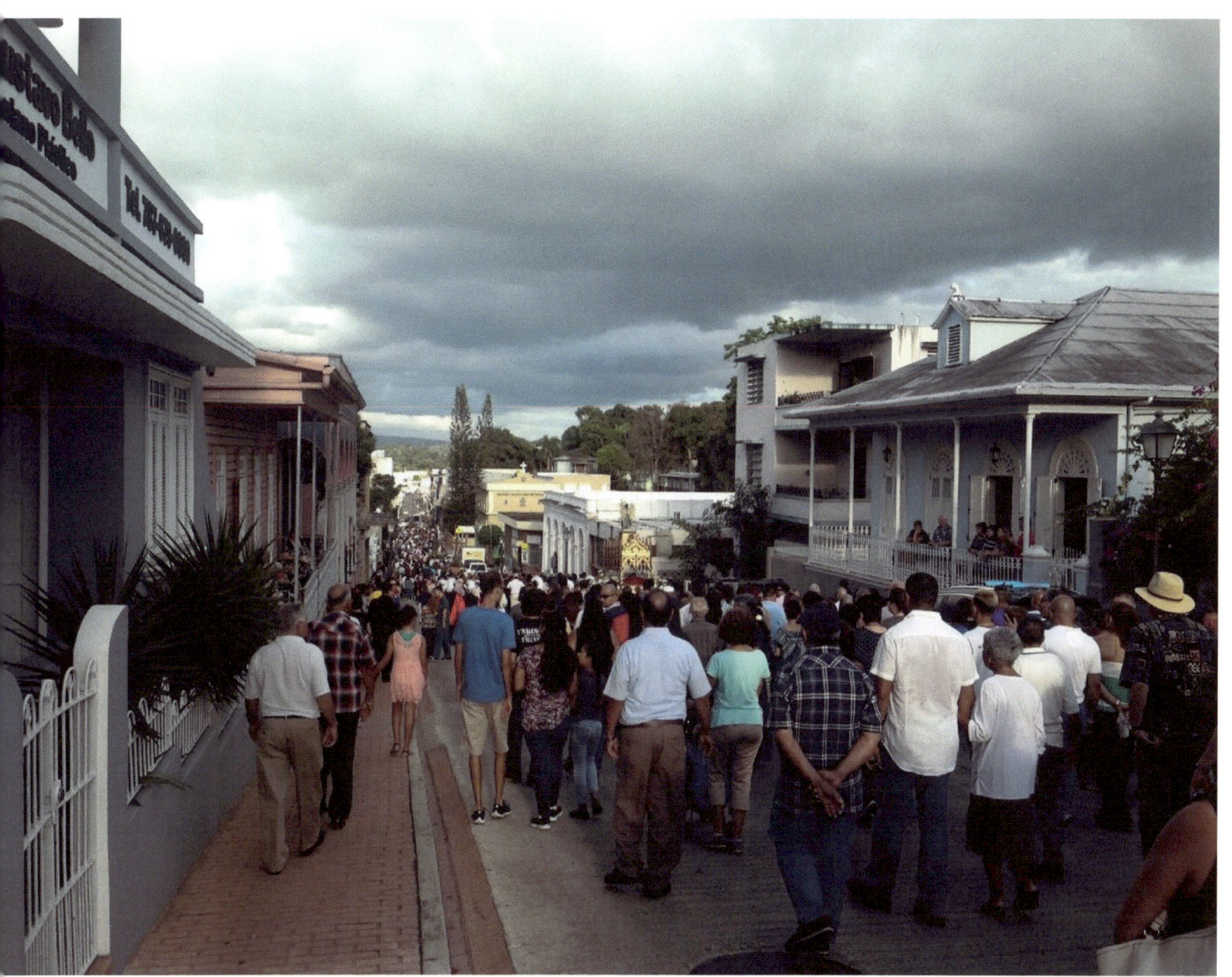

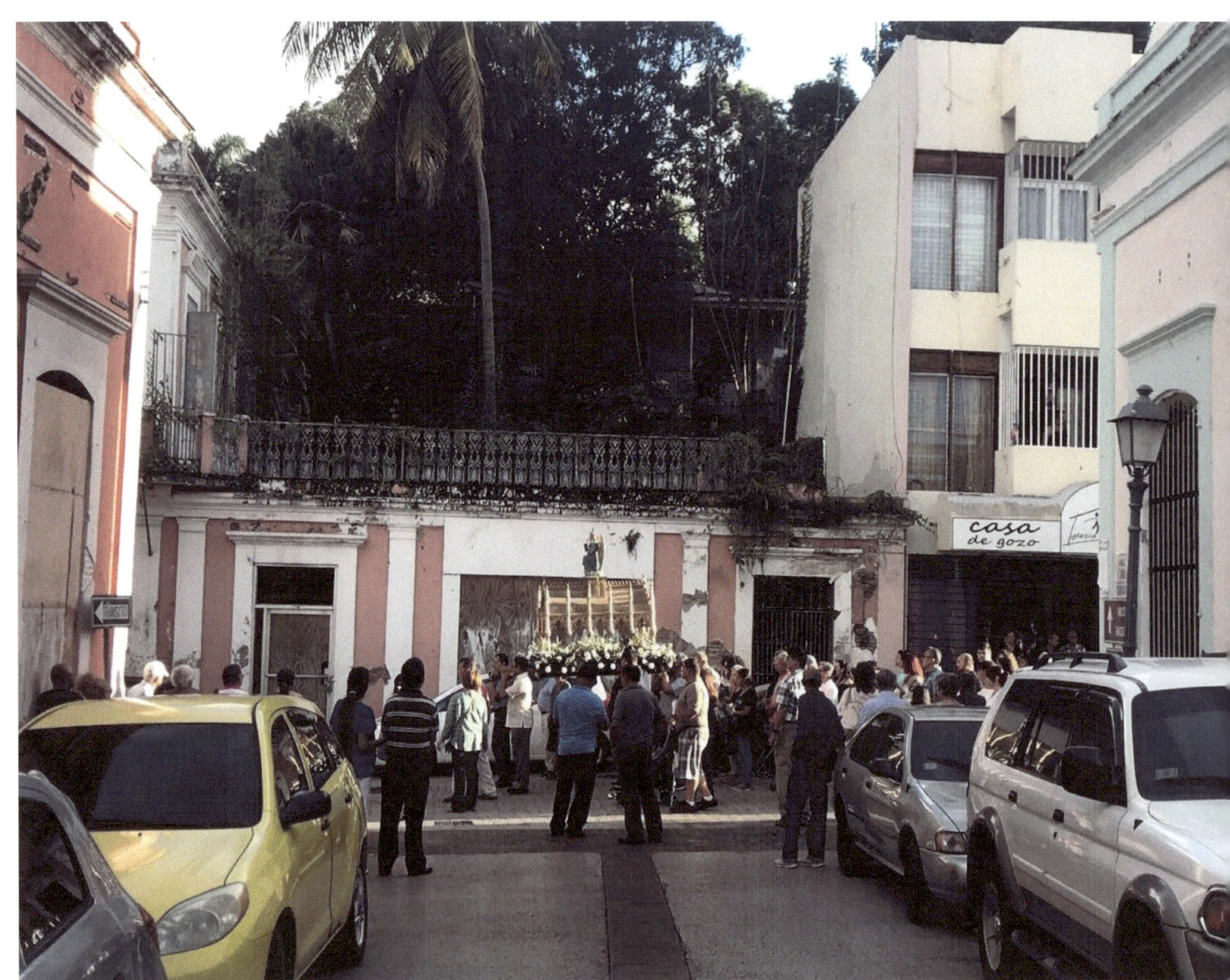

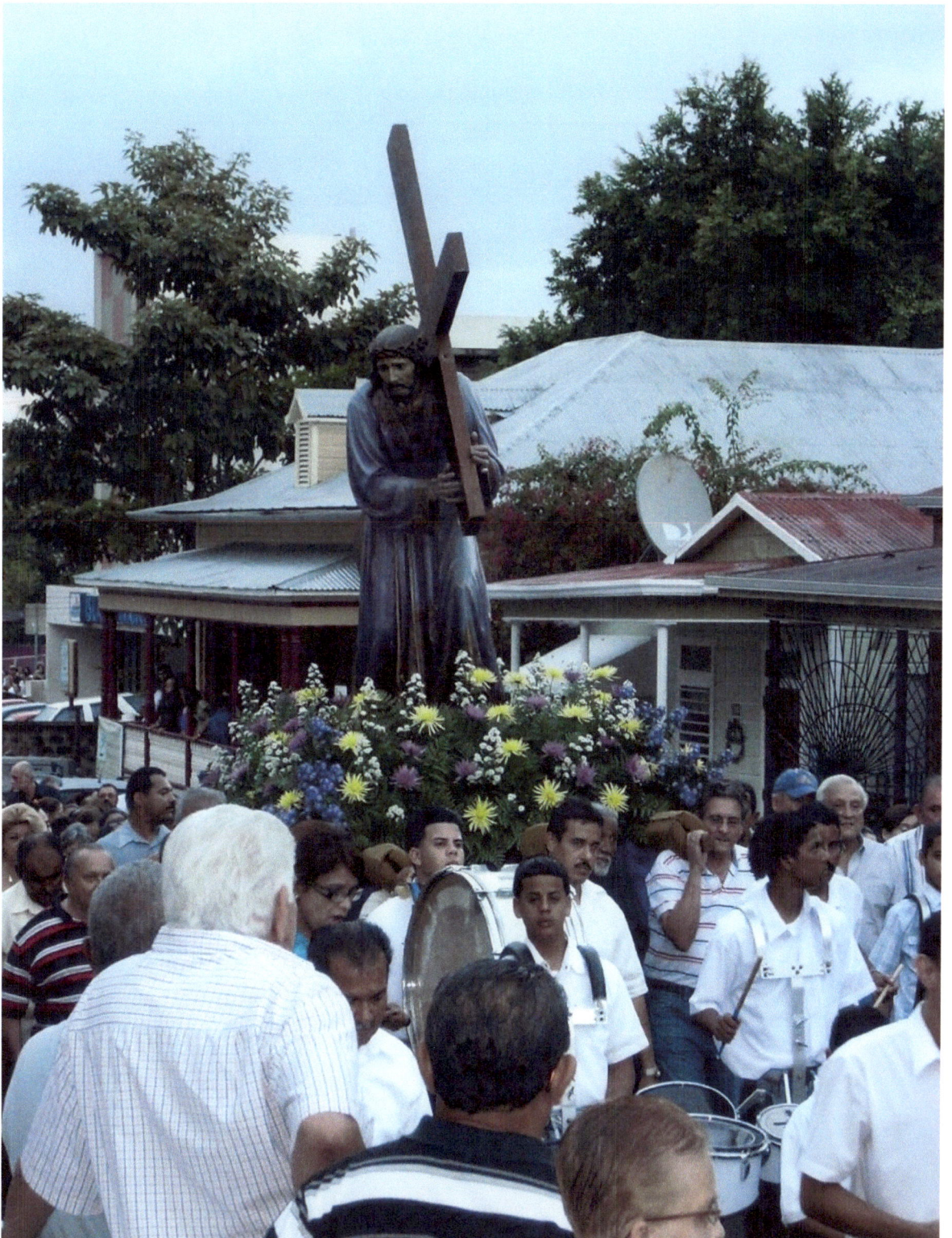

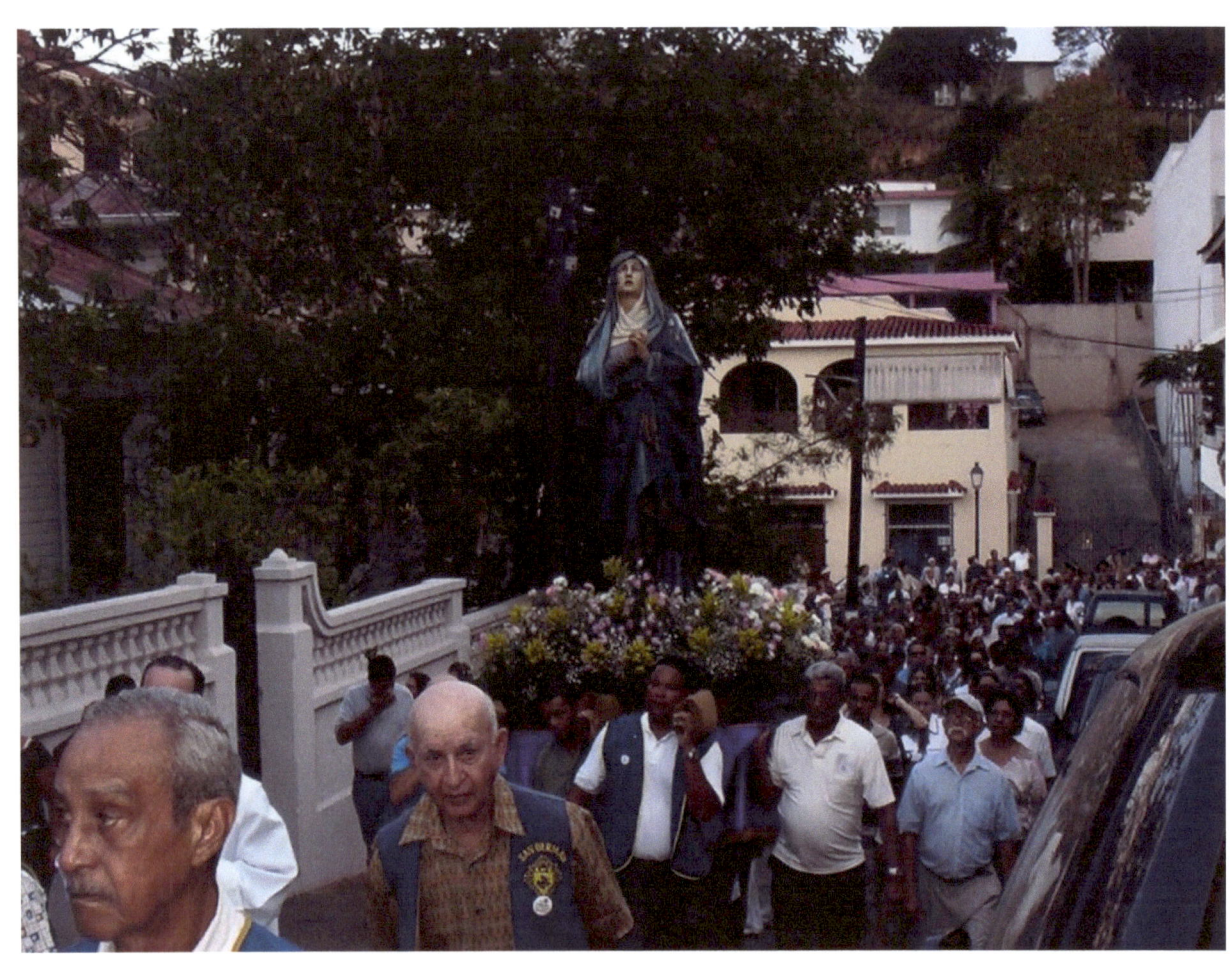

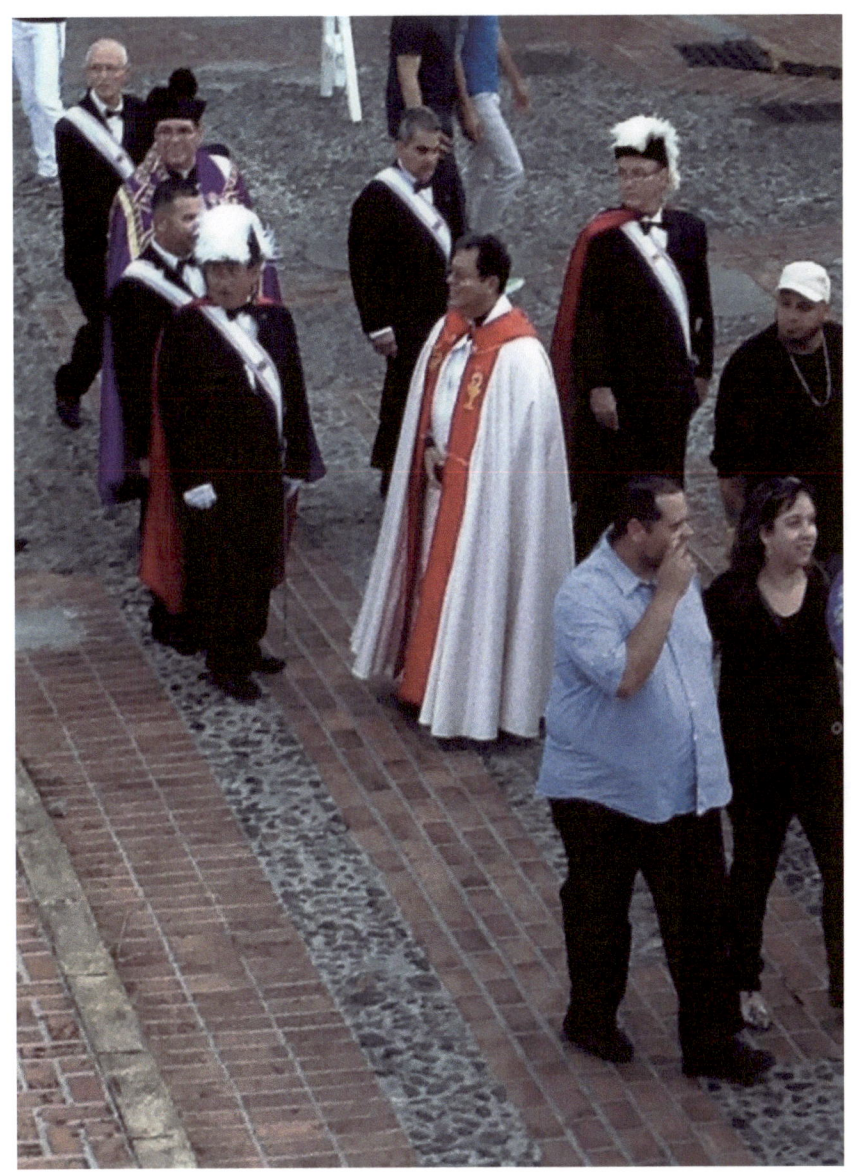

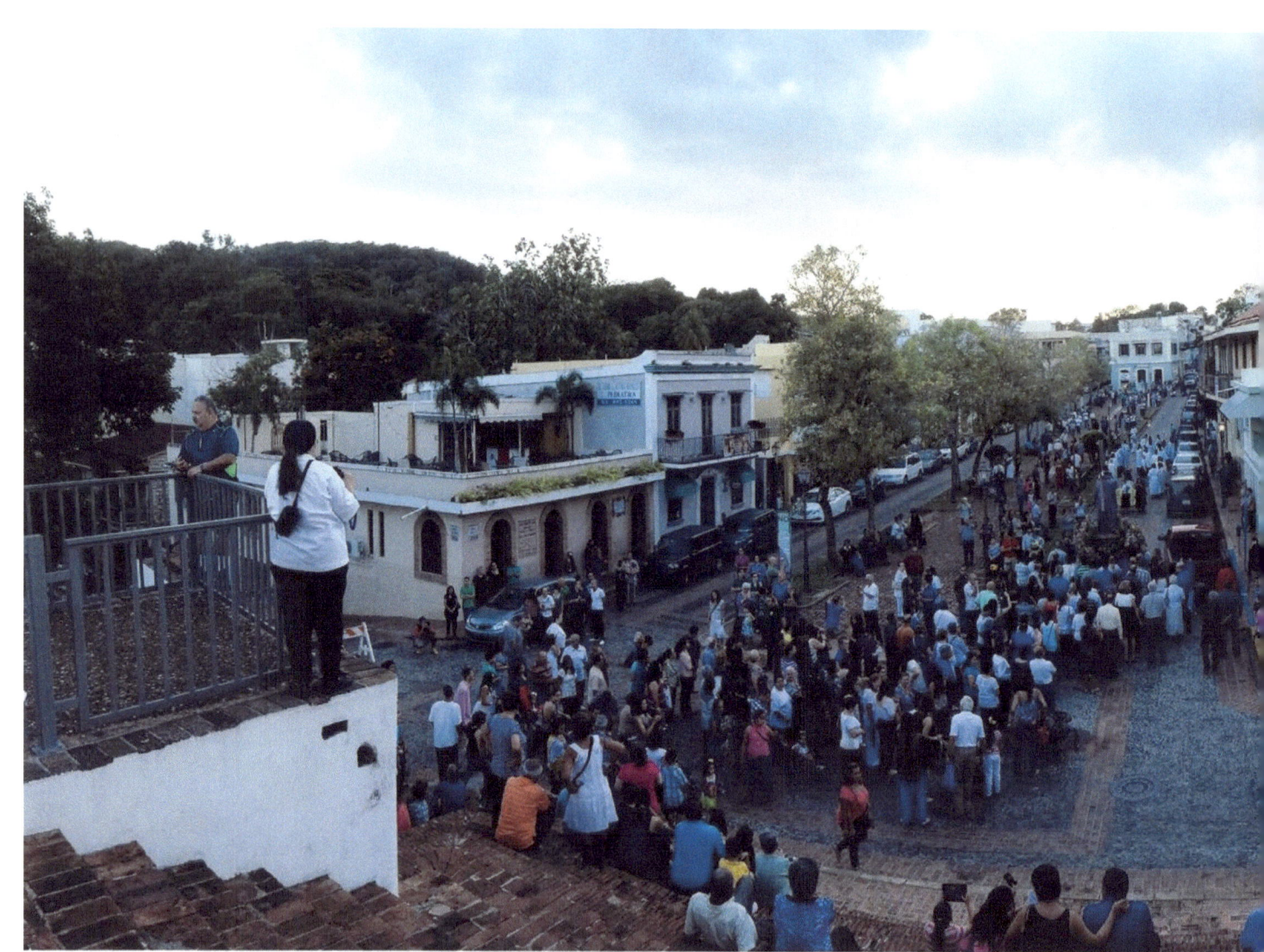

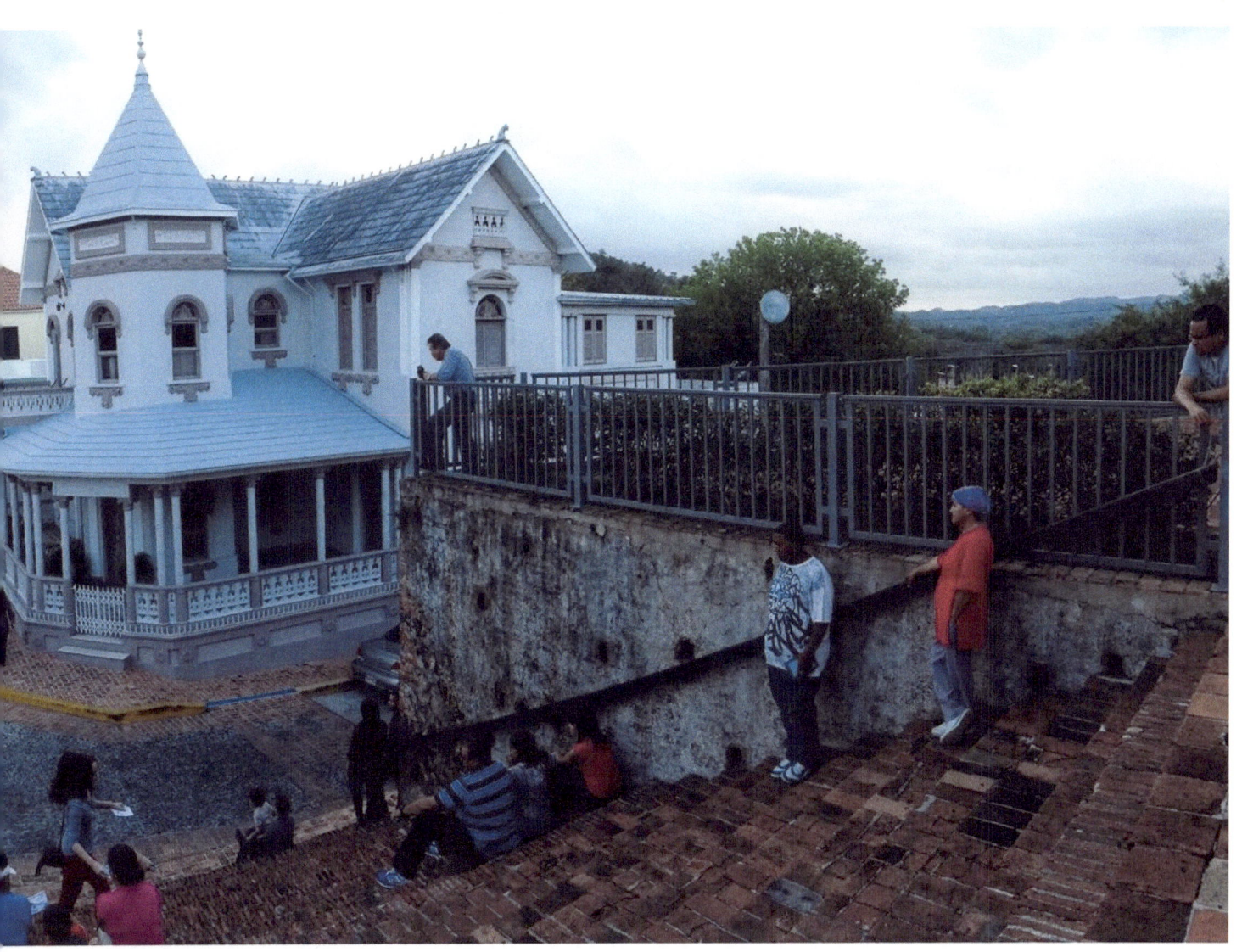

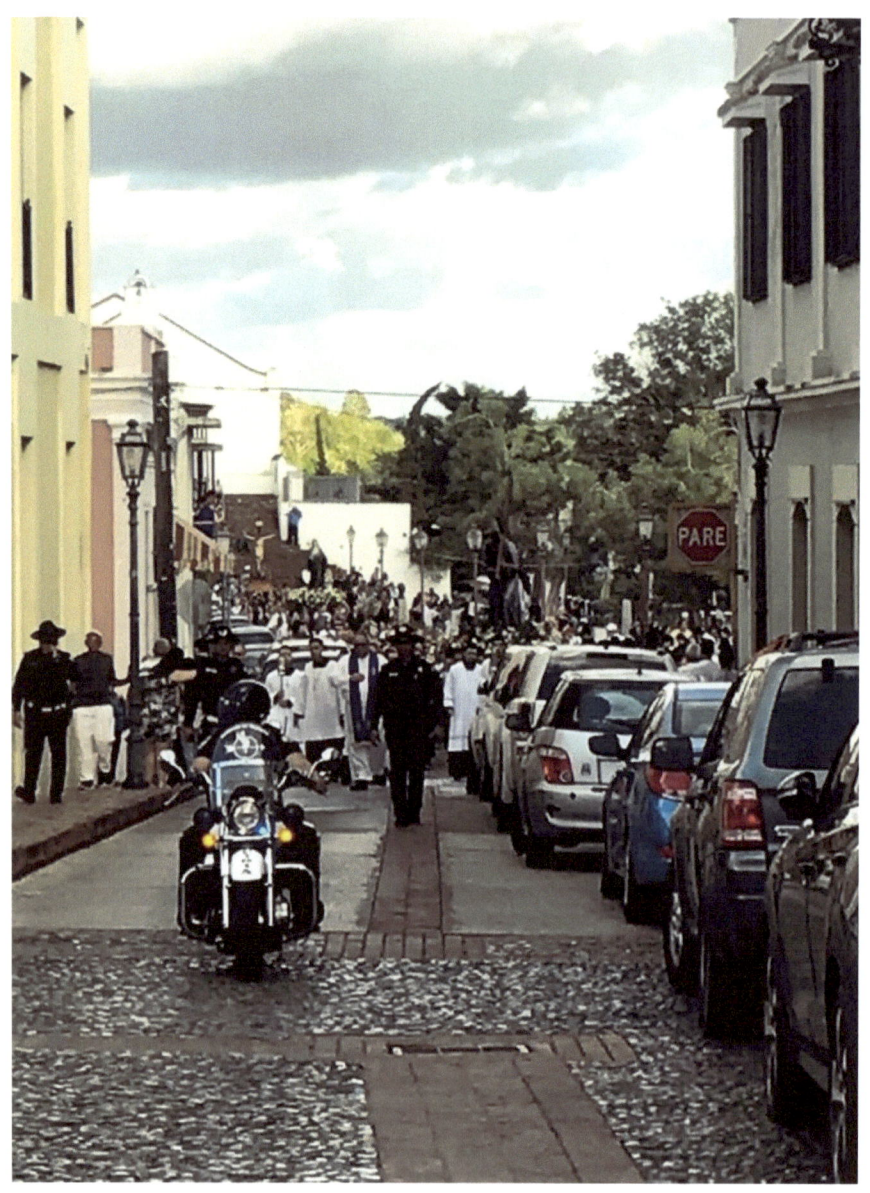

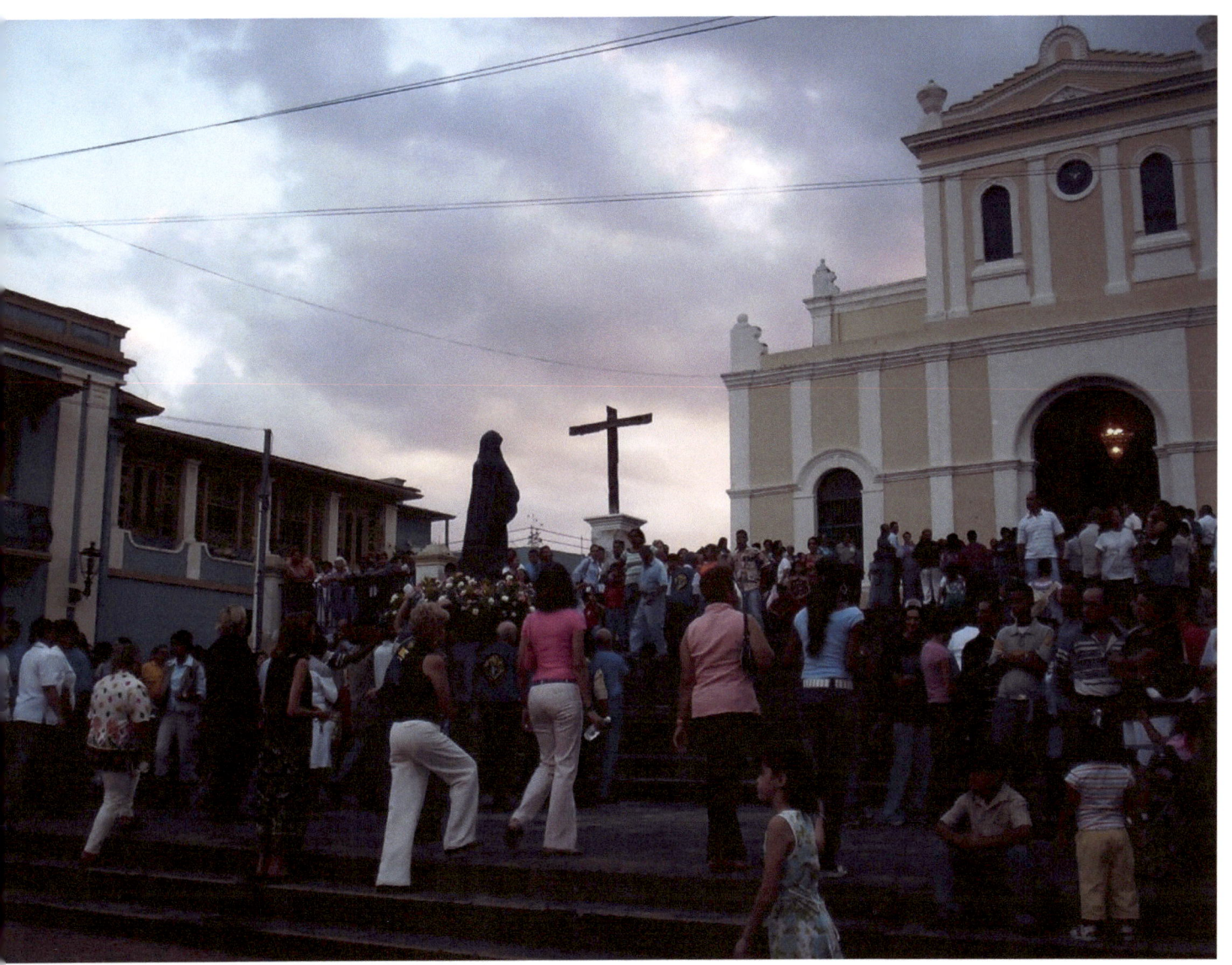

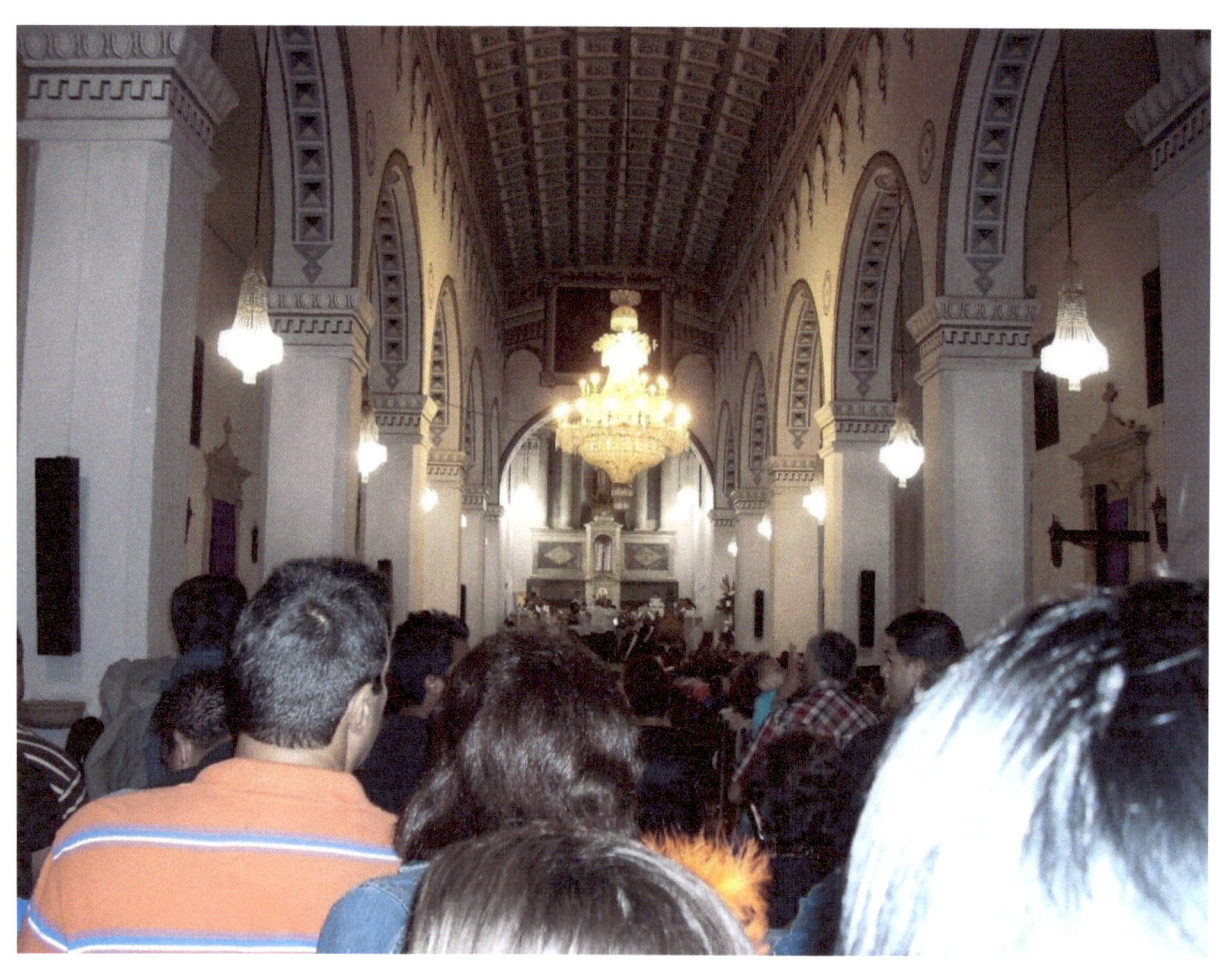

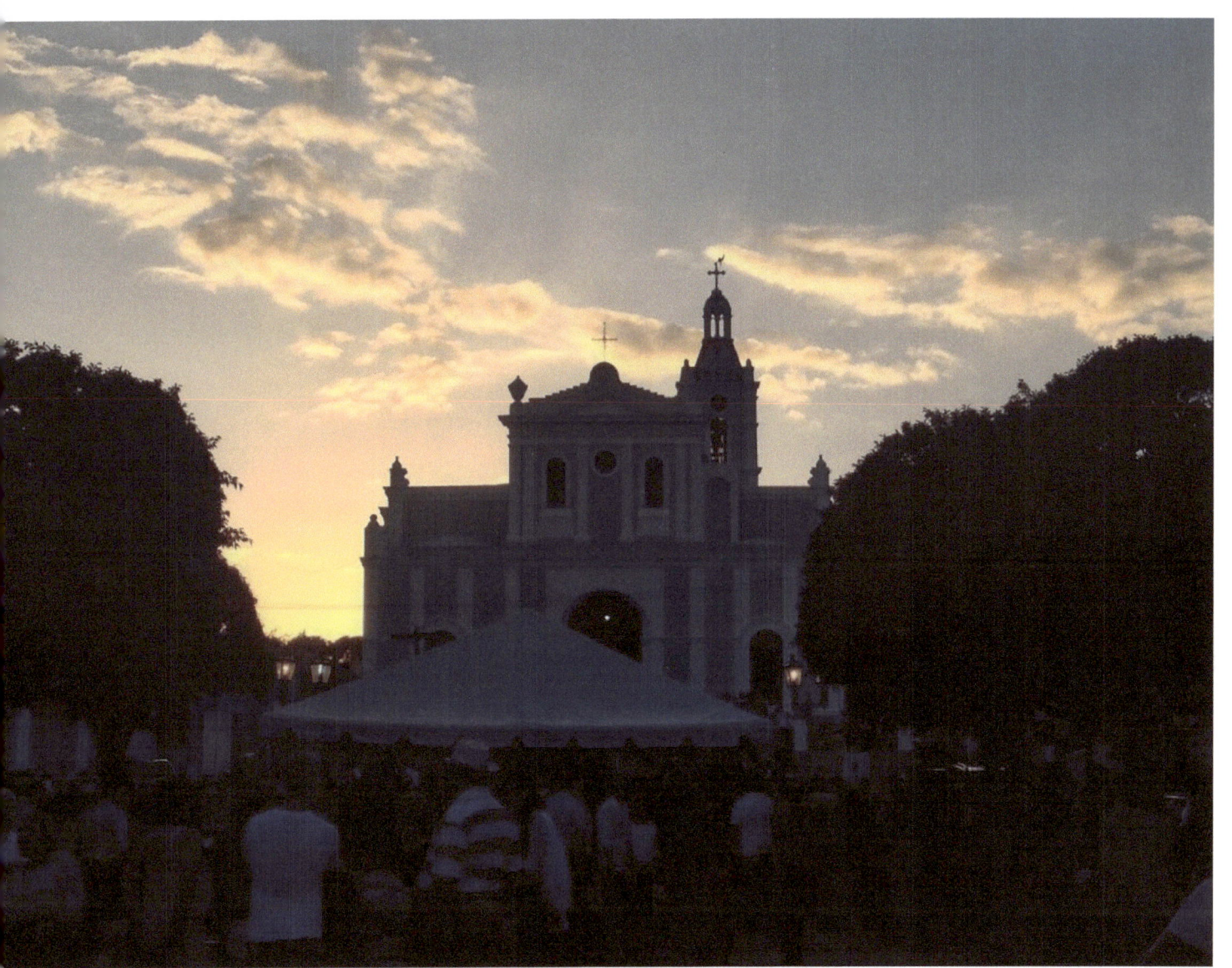

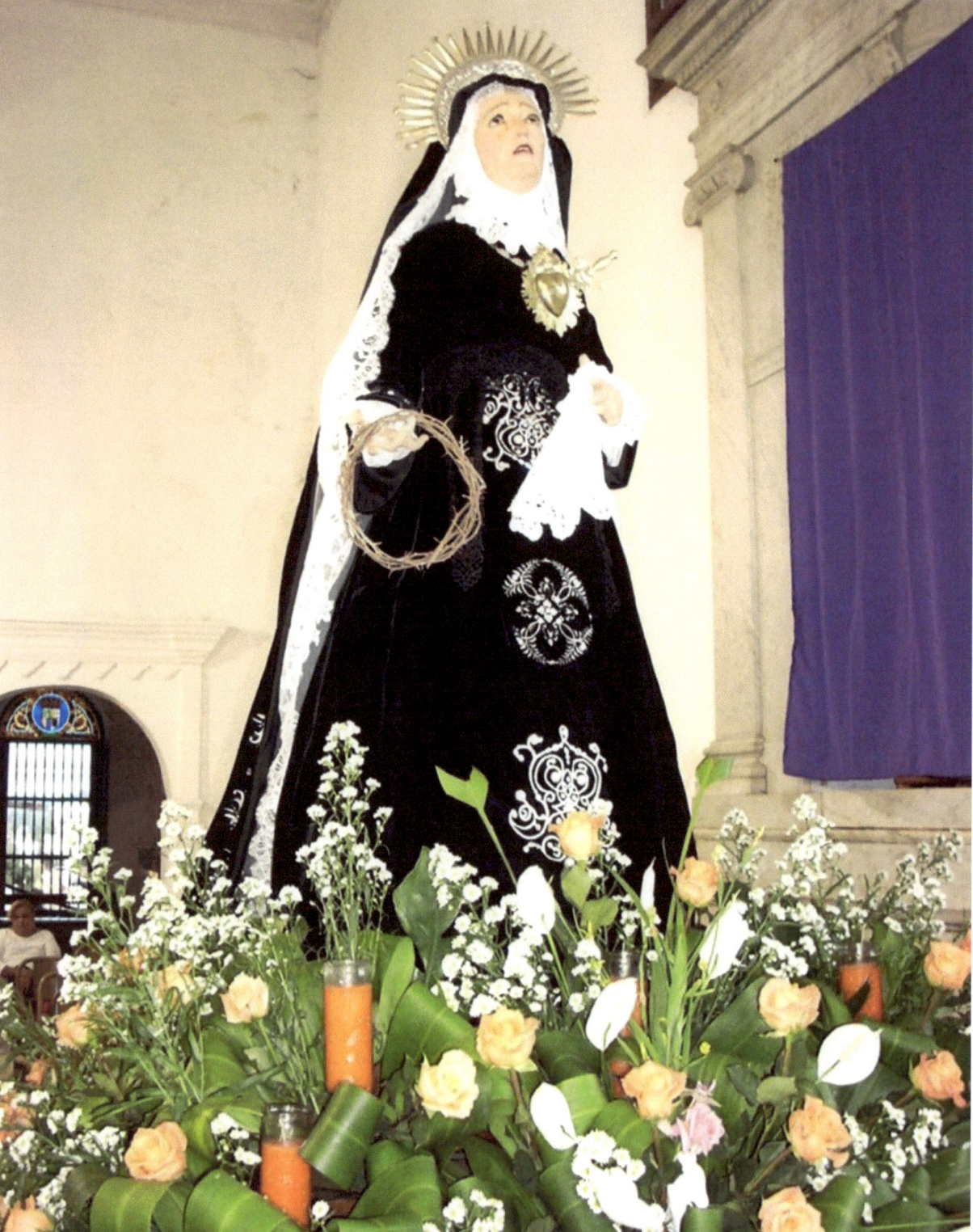

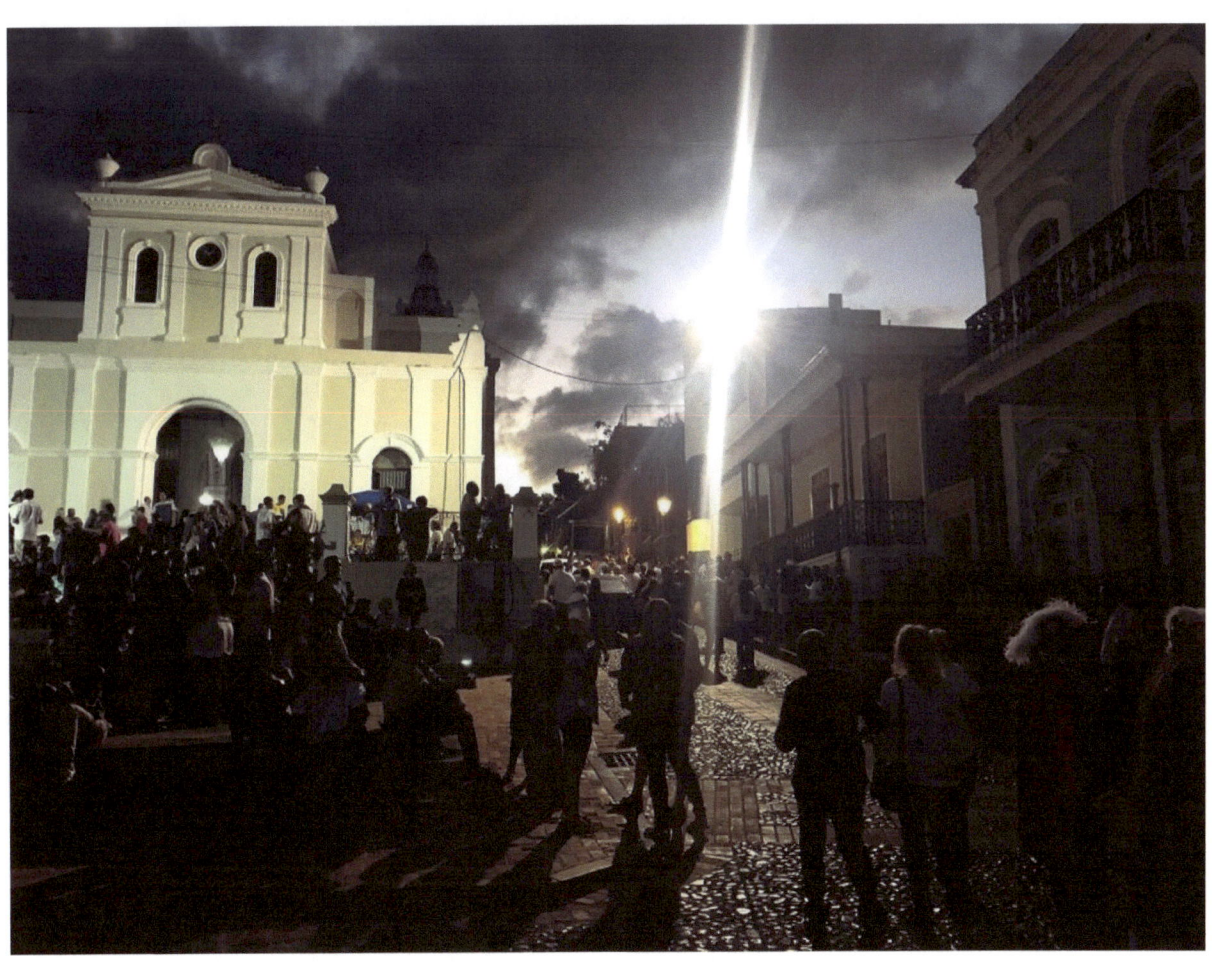

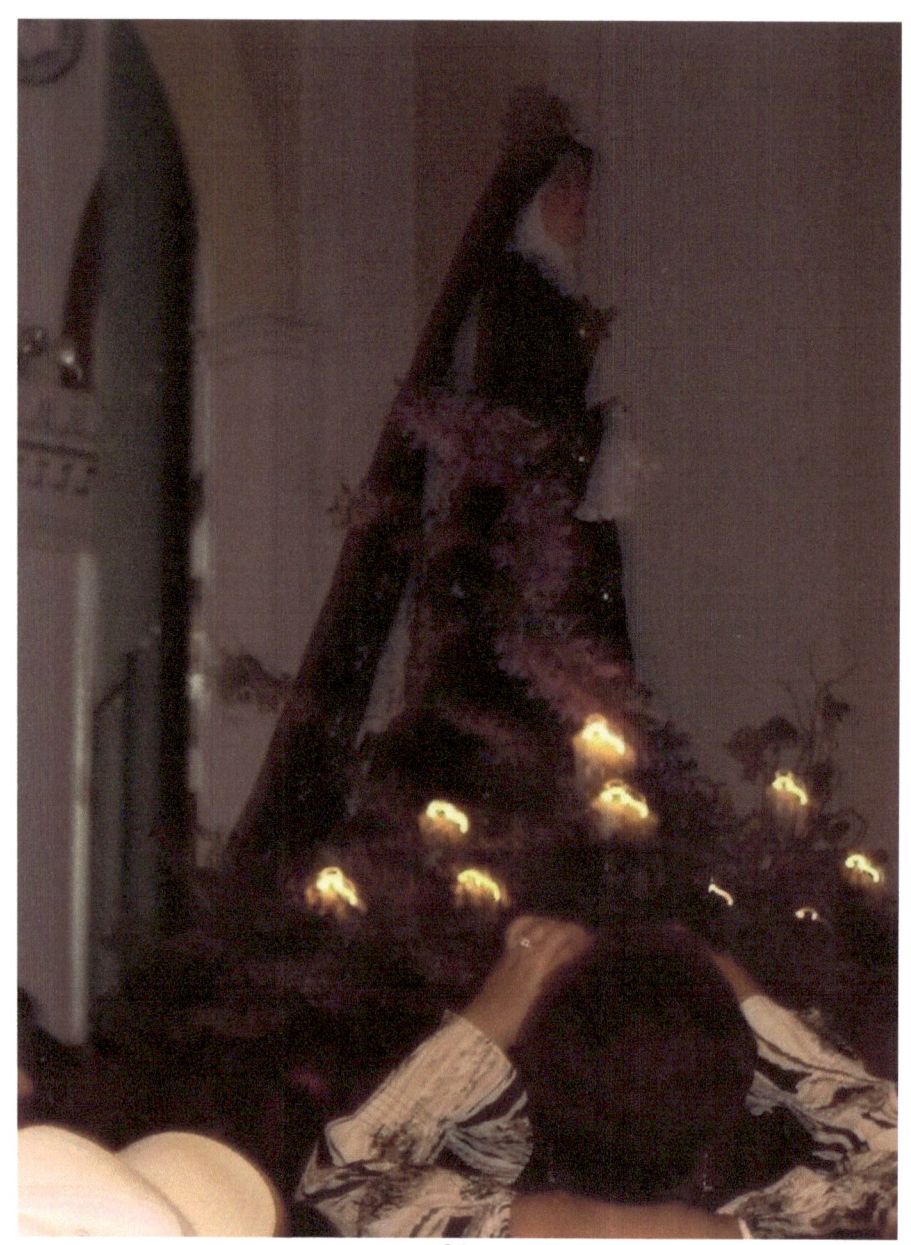

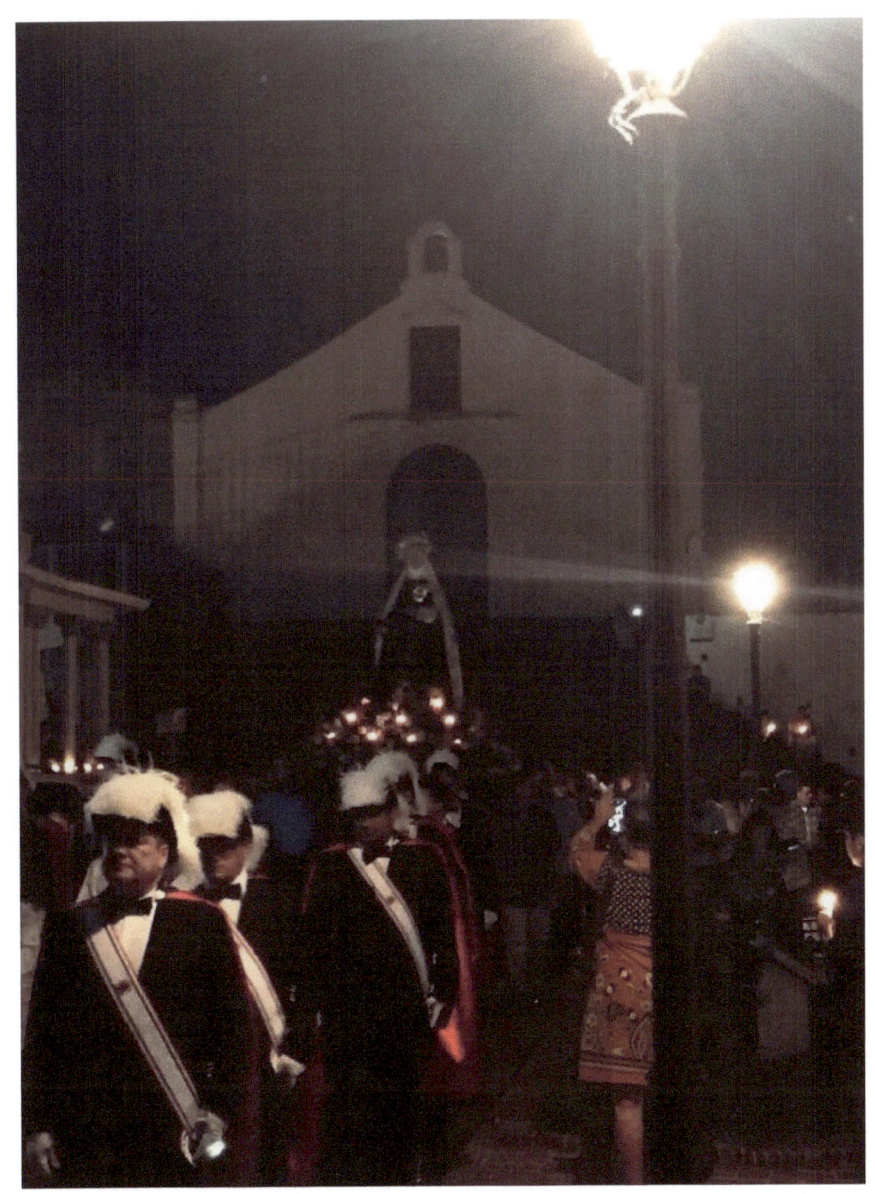

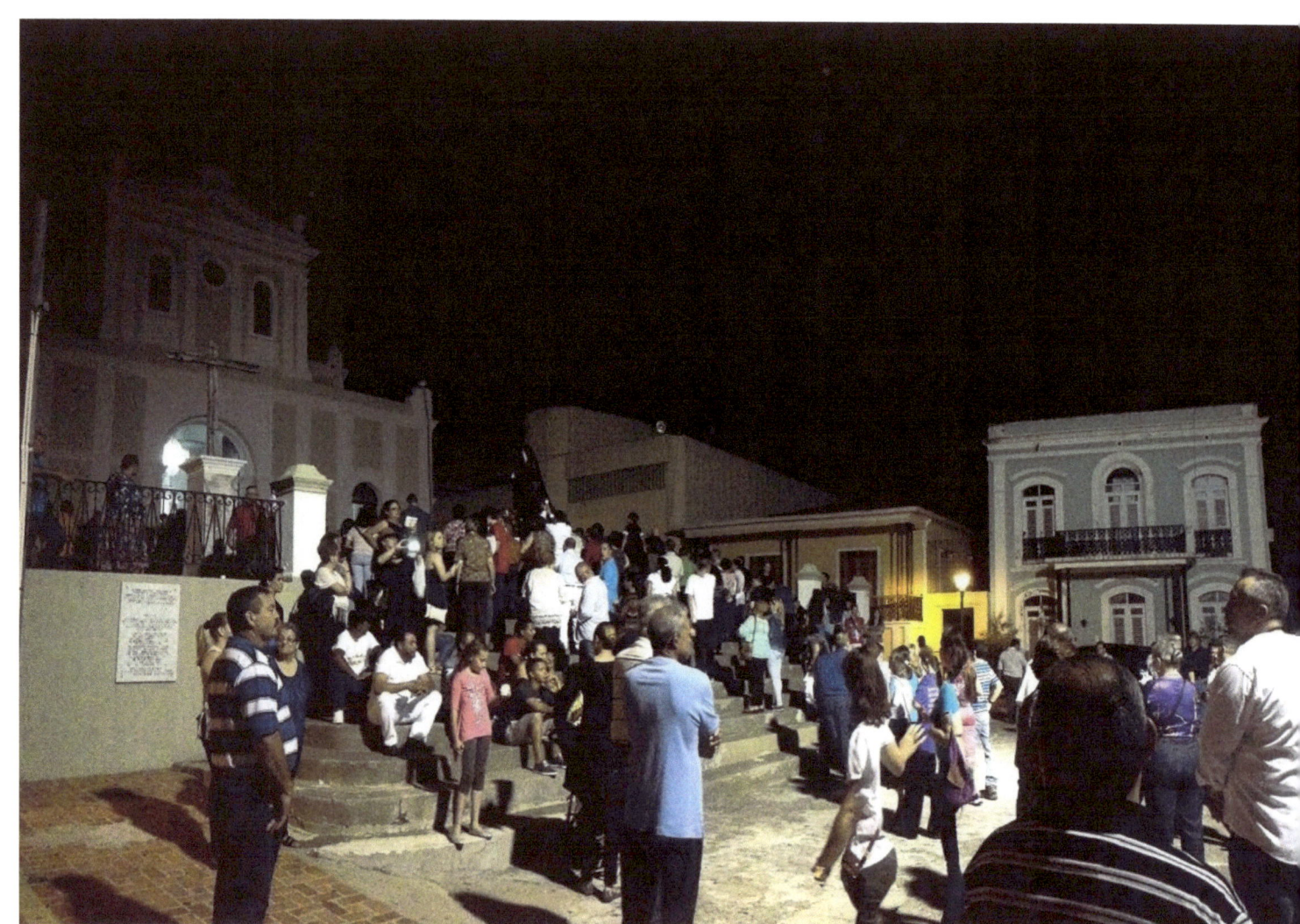

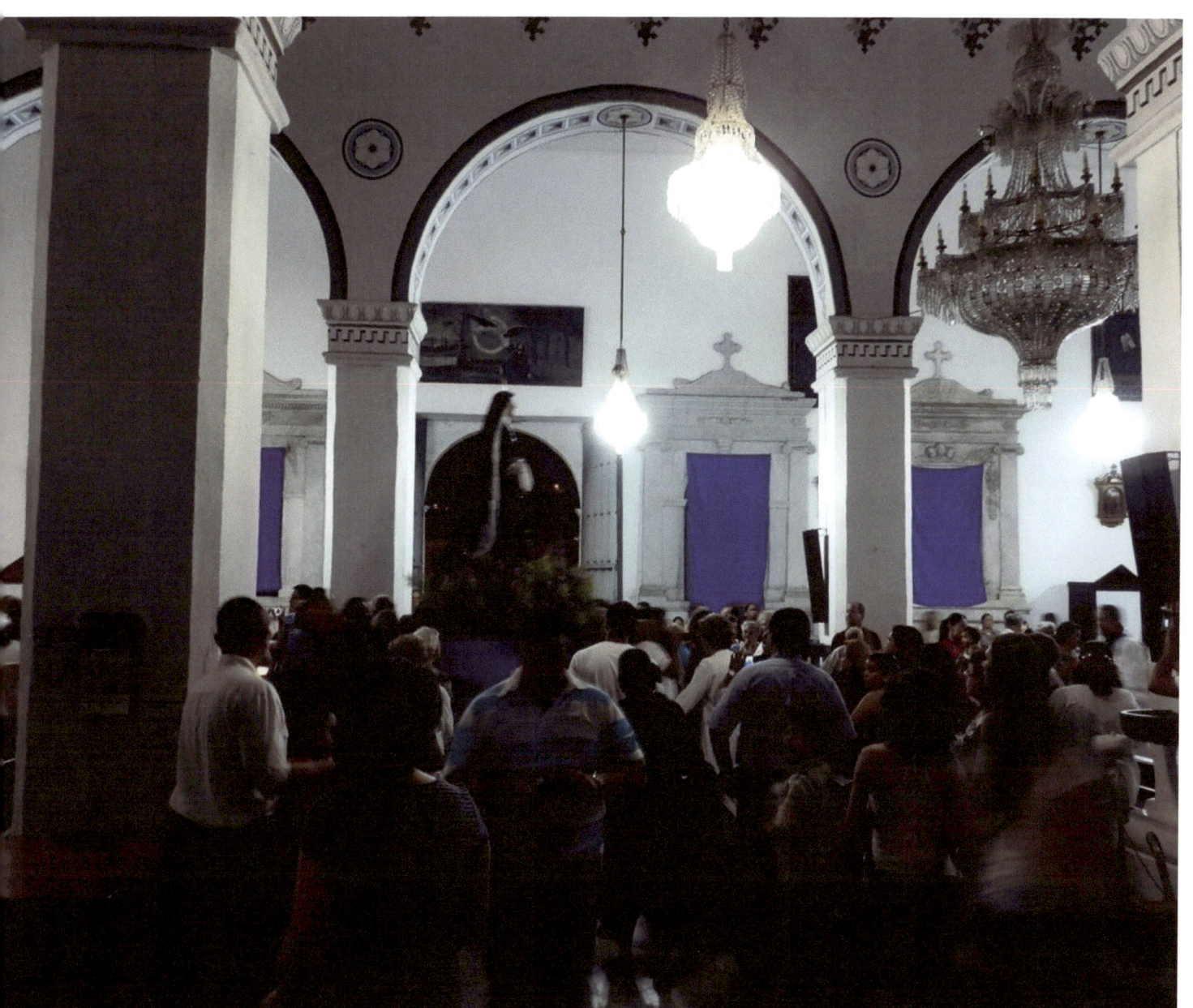

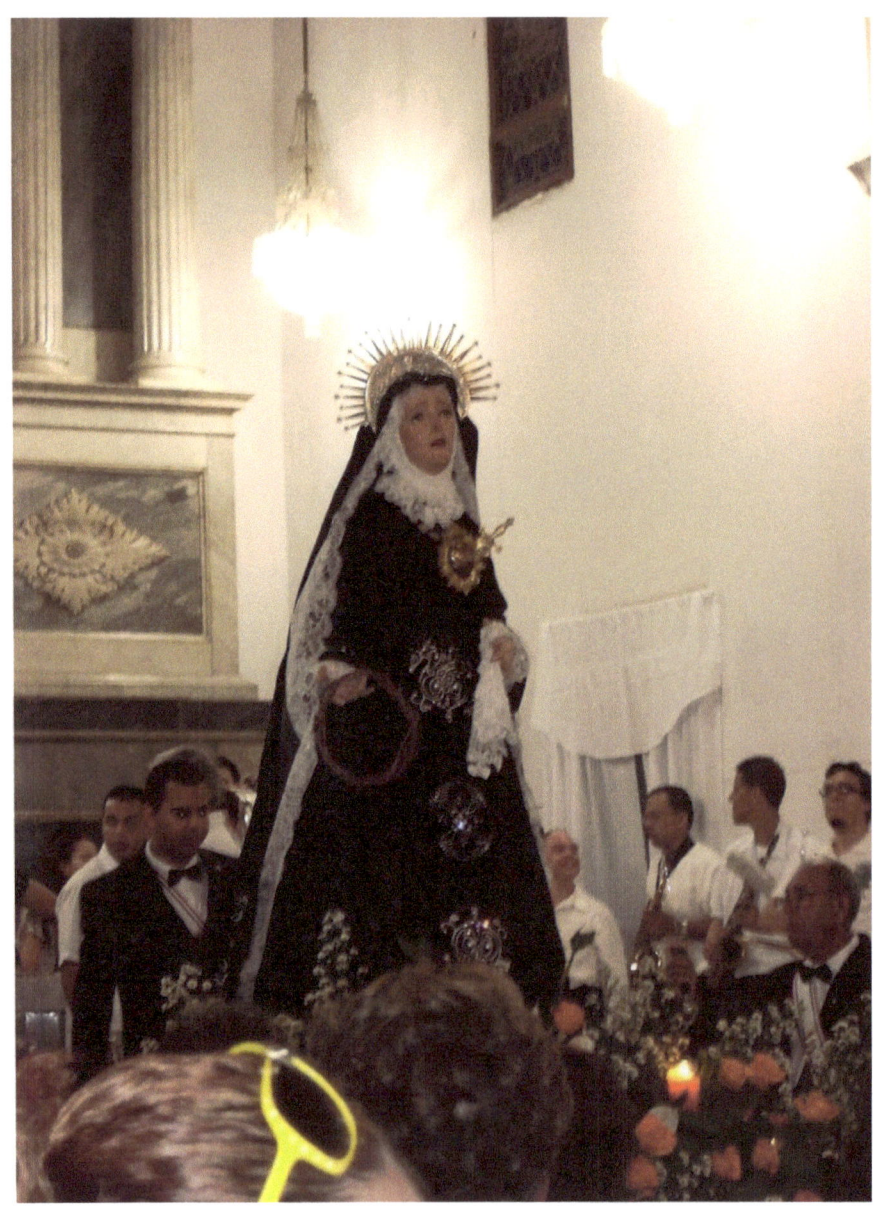

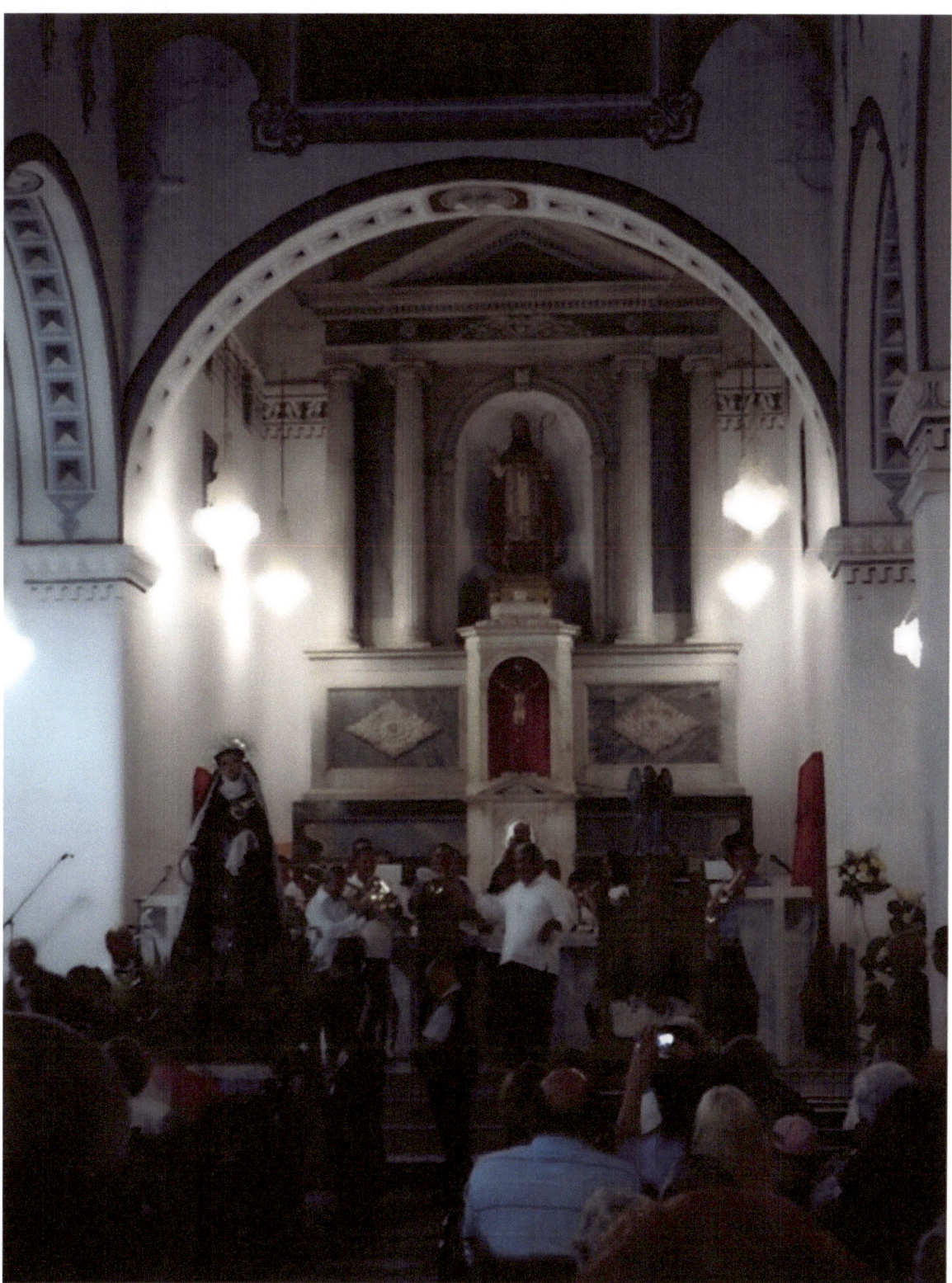

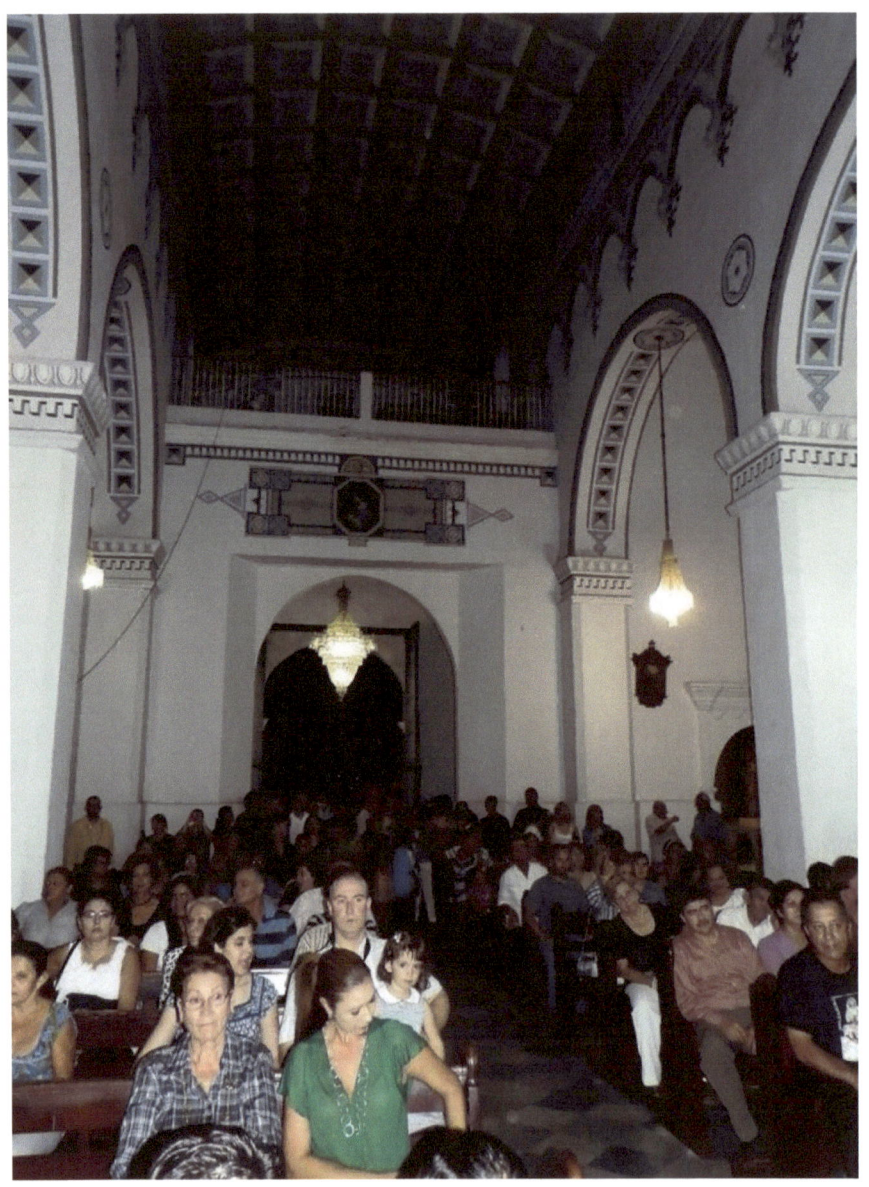

Este libro se terminó en

La Pascua de 2018 en

San Germán, Puerto Rico

www.ingramcontent.com/pod-product-compliance
Lightning Source LLC
Chambersburg PA
CBHW040414220526
45473CB00004B/1237